综合卷

SHANGHAIJIAOYUCONGSHU
上海教育丛书

典藏版

和校长教师
谈教学

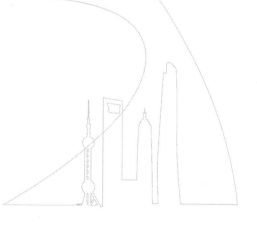

陆善涛

著

上海教育出版社
SHANGHAI EDUCATIONAL
PUBLISHING HOUSE

《上海教育丛书》编委会

《上海教育丛书》历届编委会

总　序

　　建设一流城市，需要一流教育。办好教育，最根本的是要建设好教师队伍和学校管理干部队伍。

　　在长期的教育实践中，上海市涌现了一大批长期耕耘在教育第一线呕心沥血、努力探索，积累了丰富经验的优秀教师；涌现了一批领导学校卓有成效，有思想、有作为的优秀教育管理工作者。广大优秀教育工作者教育教学和管理工作的经验，凝聚着他们辛勤劳动的心血乃至毕生精力。为了帮助他们在立业、立德的基础上立言，确立他们的学术地位，使他们的经验能成为社会的共同财富，1994年上海市领导决定，委托教育部门负责整理这些经验。为此，上海市教育局、上海市中小学幼儿教师奖励基金会组织成立《上海教育丛书》编辑委员会，并由吕型伟同志任主编，自当年起出版《上海教育丛书》（以下称《丛书》）。1995年上海市教育委员会成立后，要求继续做好《丛书》的编辑出版工作。2008年初，经上海市教育委员会领导同意，调整和充实了《丛书》编委会，并确定夏秀蓉同志任执行主编，协助主编工作。2014年底，经上海市教育委员会领导同意，调整和充实了《丛书》编委会，确定尹后庆同志担任主编。《丛书》的内容涵盖了基础教育和中等职业教育的各个方面，包含有较高理论水平和学术价值的著作，涉及中小学教育、学前教育、师范教育、职业教育、校外教育和特殊教育，以及学校的领导管理与团队工作，还有弘扬祖国优秀文化、促进国际教育交流等方面的著作，体现了上海市中小学教育改革与发展的轨迹，体现了上海市中小学教育办学的水平与质量，体现了优秀教师和教育工作者的先进教育思想与丰富的实践经验。《丛书》出版后，受到广大教师、教育工作者及社会的欢迎。

为进一步搞好《丛书》的出版、宣传和推广工作，对今后继续出版的《丛书》，我们将结合上海教育进入优质均衡、转型发展新时期的特点，更加注重反映教育改革前沿的生动实践，更加注重典型性、实用性和可读性。希望《丛书》反映的教育思想、理念和观点能起到抛砖引玉的作用，引发大家的思考、议论和争鸣；更希望在超前理念、先进思想的统领下创造出的扎实行动和鲜活经验，能引领当前的教育教学改革工作，使《丛书》成为记录上海教育改革历程和成果的历史篇章，成为广大教师和教育工作者的良师益友。限于我们的认识和水平，《丛书》会有疏漏和不尽如人意之处，诚恳地希望广大读者提出宝贵意见，帮助我们共同把《丛书》编好。

《上海教育丛书》编委会

目　录

我的教育生涯

我不是师范院校毕业的,没有学过教育学和心理学。在读书的时候,我也没有想过要当教师。但是,历史却使我选择了教育这一行,并且一干就是整整 45 年,对教育工作的热爱是越来越深。我深深地体会到教育工作是最富有创造性的。值得安慰的是,在上海普通教育事业发展道路上,我当了一块小小的铺路石。

我是怎样走上教育工作岗位的呢?似乎有些偶然。在旧中国,毕业就是失业。1945 年当我就读于暨南大学化学系的时候,正值抗日战争,大片国土沦丧。暨南大学是从上海迁到闽北山沟中的一所综合性大学,我们耳闻目睹祖国农业衰败,工业凋敝,官场腐败,民不聊生。我没有靠山,在那个山沟沟里更没有自己选择职业的余地。正当我大学毕业,寻找就业机会的时候,福州高级工业学校招聘教师,经暨南大学推荐,我就成了那里的一名教师。

抗日战争胜利后,我来到了上海。因找不到工作,不得不先在一所弄堂式的私立中学代课半年。后在江苏省立常熟中学任教,一年后,又回到上海,在震旦大学附中任教。在这个时候,我接近党的地下组织,参加了由地下党领导的中等教育研究会,利用业余时间,积极地干社会工作。不久,就加入了中国共产党。

边 学 边 干

我当教师,不只是教化学,还担任过许多学科的教学。我教过物理,教过动物、植物和生理卫生,教过初中代数、三角、几何。解放以后,还担任过政治课教学。当然,我也做过多年的班主任。我觉得一个大学本科毕业的教师能兼教几门相邻学科,不仅是可能的,而且是十分需要的,因为理科各门学科是相通的。实践证明,我那时兼任过多门学科,虽然教学水平不是很高,但对我后来担任学校行政领导工作和全市教学研究工作是很有益的。

离开了震旦大学附中后，1948年，我在南洋女子中学任教，并担任班主任。解放前的南洋女子中学党的力量很强，政治活动很活跃，民主空气很浓厚。记得当时学生会搞竞选活动，我当班主任的这个班级的班干部要采用演活报剧的形式参加竞选，让我为他们编个剧本。我说我是学理科的，不会编写剧本，但学生的政治热情和真挚的要求，使我不能拒绝。于是，我就读了些剧本，学着编写独幕剧。结果活报剧演出成功，宣传效果很好。这使我联想到，刚开始教书的时候，不会上课；刚开始当班主任的时候，也不大会做，但只要下功夫，边学边干，边干边学，就没有学不会的事，没有干不好的事。教课是这样，做班主任也是这样。

1949年中华人民共和国成立后，领导派我去复兴中学。我在复兴中学任教导主任的时候兼任政治教师。上政治课对我来说也是陌生的，但我认识到政治课不仅只是传授知识，更重要的在于解决学生的思想问题，提高学生的政治觉悟。要解决学生思想问题，就必须理论联系实际，不是从概念到概念，不是引导学生读条条、背条条，要培养学生善于用学到的基本理论去分析现实生活中的实际问题。在抗美援朝运动中，学生的思想问题很多，普遍存在着崇美、亲美、恐美思想，在"要不要出兵抗美援朝""能不能保家卫国"问题上，有的学生认为美帝国主义力量强大，解放军不一定打得赢；有的学生怕我们一出兵会引起美军轰炸上海，引火烧身。针对学生的这些思想，在课内作宣传讲解是必要的，但只采用教师讲、学生听的方法，并不能解决学生的思想问题。后来我就采用师生大辩论的方法，让学生充分自由发表意见，大家从道理上、感情上用实际例子畅谈自己的看法。辩论会整整开了一个下午，班主任老师也参加了辩论。辩论会触动了学生的内心世界，解决了学生的一些思想问题，使学生认识到抗美援朝的重大意义，初步消除了亲美、崇美、恐美思想，辩论会成了一次生动的爱国主义教育。由于学生提高了认识，就爆发出炽热的爱国热情，很多学生自觉投身于抗美援朝运动，他们给中国人民志愿军做光荣袋、慰问袋，捐献慰问品，到处宣传抗美援朝的意义。很多学生要求入团，立志保卫祖国，同时也大大提高了学习积极性。

摆正教学工作的位置

1953年市教育局调我到市西中学任副校长兼党支部书记。市西中学是一所颇为有名的学校,教育质量高,师资水平也整齐,团、队干部力量较强。有一段时间,学校出现了一些"忙乱现象",学生的社会活动太多。有些学生干部认为,只要社会工作积极,功课差一点不要紧,有时为了参加各种会议和活动,甚至可以不上课,作业也不准时交,正常的教学秩序被打乱,严重地影响了学习。这种现象在当时的上海有一定普遍性。为了在学校里摆正教学工作的位置,上级教育行政部门提出了"教学为主"的口号,以克服这种"忙乱现象"。调我到市西中学就是为了要取得"以教学为主,克服忙乱现象"的经验。当时,由市委宣传部、市教育局、团市委组成一个工作组,协助我一同工作。在赵传家校长主持下成立校务委员会,领导学校各项工作。每学期详细制订学校工作计划,统一思想,以教学为主,全面安排各项工作,但又不削弱对学生的思想品德教育。一方面协调班主任、团、队、学生会的各项活动,具体规定班会、团、队、学生会活动时间;一方面组织教研组学习教育大纲,改进课堂教学,由班主任统一协调各门课程的考试测验次数,不使考试测验在一段时间内过分集中,减轻学生过重的学习负担。对学生干部中少数学习困难的学生,在做好思想工作基础上,免除或减轻他们的社会工作,使他们有时间、有精力认真学好各门课程。经过一个阶段的试验,全校教学秩序逐渐正常,师生教学积极性高涨,各项课外活动蓬勃开展,出现了一个生动活泼的学习局面。在市教育局的领导下,向全市作了介绍,扩大了影响。

1955年,又调我到华东师大一附中。那时正是全面学习苏联的时候,华东师范大学校长顾问、苏联教育专家杰普莉茨卡娅把附中作为推行教学改革的实验点,市教育局把我调到华东师大一附中,就是让我全面主持这项教学改革实验任务。但是从1955年以后,运动不断,先是1956年工资改革,接着肃反运动和"反右"斗争,华东师大一附中又都是这些政治任务的先行单位。我当时既是学校校长,又是学校党支部书记,党政双肩挑,政治和业务两副担子都压在我的身上,既要完成政治斗争的任务,又要完成教学改革的实验任务,如何正确处理、合理安排是一大难题。如果顾此失彼,不是削弱政治任务,就是影响教学改革。经过实践摸索，我提出了"一套班子、两套人马"的想法。"一套班子"就是党支部统一领导（当时学校工作强调党支部领导）；"两套人马"就是党政领导干部分两支力量，一部分人专职分管政治运动，一部分人坚持抓教学改革。"两套人马"在党支部统一领导下经常相互通气，全面合理安排各种会议和活动，既保证政治任务顺利进行，又使日常教学工作正常运转，教学改革项目，一项一项落实。事实上，那两年上述几项政治任务都顺利完成，起了先行点的作用，而且在教学改革实验工作中，特别是在改进课堂教学方法、试行日常考查方面，取得了一定经验，并通过几次现场会议，在全市产生了一定的影响。当然，我在完成政治任务方面也做了一点蠢事，在学习苏联经验进行教学改革方面，搞了一些形式主义的东西，带来了不好的影响。我体会到学校领导干部之间合理分工，坚持集体领导下的分工负责，强调工作中的相互配合、协调，这是一种领导方法，也是一种领导艺术。

我在华东师大一附中工作时，要参加的会议很多，市教育局召开的各区（县）教育局局长会议市重点中学校长要参加，有关的各种专业会议或座谈会我也要参加，华东师范大学校务会议（我是校务委员），我也要参加，我又是中共虹口区区委委员，要参加区委会；还要参加市委召开的市委扩大会议；区委教育卫生部的会和区教育局的校长会议也要参加。有的会议不只是半天、一天，有时少则三五天，多则十天、半月。如果各种会议都要参加，我怎么还能深入教学第一线领导教学？面对这种情况就要善于安排，处理好条条块块的关系。我的办法是有选择地参加。我认为一定要参加的会议即使校内已安排了活动也宁可更改或请其他领导主持，自己去参加这些会议。而有些活动和会议，我则事先向召开会议的主办单位打个招呼，说明情况，请别人代替。开始时，有些部门的领导有意见，批评我对他们的工作不重视、不支持。我向他们讲明，要我开会，无非是要贯彻、落实布置的任务，我让别的同志参加会议，回来向我汇报，由我来贯彻落实，不是一样完成任务吗？如果不放心，可以来检查，完不成任务，可以批评我，如果能完成任务，何必要计较谁来参加会议呢？这样，我就摆脱了一些可出席可不出席的会议，把主要精力用于抓教学工作。学校领导不把主要精力放在教学上，怎么能算是"务正业"呢？怎么能进行教育改革，提高教育质量呢？

掌握教学动态

我任华东师大一附中校长,前后共十年时间,初期是在杰普莉茨卡娅和华东师范大学教育系的帮助下进行教学改革实验。这段时期虽然工作中存在着一些形而上学的东西,脱离了国情,搞智育第一,但对我领导教学工作是有一定帮助的。后期,苏联专家撤走,就由我独立自主地领导教育、教学工作。经过这段时间的摸索,我认为领导教学工作首先要知情,也就是要掌握教学动态,分析教学中的主要矛盾。我觉得这是领导教学工作的基本功。毛泽东同志说过,情况明,决心大。在我的脑子里经常有"三本账"。这"三本账"不是一成不变的,而是随着形势的发展在不断变化,表面上看,学校的教学工作,似乎只是每天上课、下课,很平静,其实在这种平平常常的教学活动中,正孕育着教学质量的变化。教学过程是一个循序渐进、潜移默化的过程。在这个过程中常会遇到种种障碍,如果不及时扫除这些障碍,教育质量就会受影响。因此,学校领导一定要及时了解教学动态,及时弥补工作中的不足,千万不能等问题成了堆,再去解决。一旦问题成堆就难以解决了。

第一本"账"是对教师的了解。要了解每一个教师的长处和不足之处。了解他们的长处,是为了加以发扬,用其所长,形成他们的教学特色。每一个教师都有所长,关键是善于发现,不论是新教师还是老教师,都要知人善任。也要了解教师的不足之处,目的是帮助和培养他们,决不是责难、轻视,同时还要给他们创造进步的条件。更要了解每一位教师的进步,应该相信在正确的知识分子政策指引下,每一位教师都会在原有的基础上不断进步。不能用固定的、静止的眼光看待教师,看到教师的进步,就要及时肯定,这样,他们会很受鼓舞,"士为知己者用"。调动教师的积极性,不能光靠做报告,也不能只靠物质鼓励,我是靠情感交流,帮助他们不断进步。当时华东师大一附中没有坐班制规定,但很多教师整天在学校里积极工作,甚至不少人晚上和星期天也在学校里"加班加点",从不计较"忙"与"苦"。

第二本"账"是全校各门学科的教学动态,包括教学计划、教学大纲、教学进度的落实情况,课堂教学、课外活动的质量情况。这本"账"越具体越好,而且要落实到各门学科的每一位任课教师。我心里既有一本"总账",也有一本"分类账"。"总账"就是全校教学动态的综合分析和各门学科共同存在的问题;"分类账"就是各门学科各自存在的问题。有了这"总账"和"分类账",就能够判断出学校教学工作处于何种水平,从而把握住教学改革的主攻方向。我虽不精通各门学科的教学,但能找出教学工作中的共同规律,掌握共同的倾向性问题,这样就能从实际出发,指导教学改革工作,及时发现和总结教师的教改经验,发现和解决教学改革中的问题。如果对本校的教学工作处于何种水平不了解,对教学工作中的薄弱环节心中无数,教学改革就只能照搬照抄,或者随大流、赶时髦。教学改革不结合自己学校的"校情",是不能形成自己特色的。

第三本"账"是各个班级学生的情况,包括学生的思想状况、班集体形成和各类学生的学习情况等。从这本"账"中,可以看到班主任和团、队的工作情况,借以指导团、队工作,培养学生干部和物色班主任人选。在加强德育的时候,这本"账"特别重要。

这三本"账"不仅我自己清楚,而且要让领导班子里的同志都心中有数,有统一的认识。这样,才能做到全面掌握校情,目标一致,步调一致地开展工作。如果班子中各人只了解自己分工负责方面的情况,缺乏对全面情况的了解,工作就难免会出现"各敲各的鼓,各吹各的号"的现象,不能形成合力。

怎样才能掌握好这三本"账"呢?我首先是充分发挥领导班子成员的作用,大家职责分明,各司其职,但重大问题必须集体讨论,并且定期分析校情。当时,我们每个人都有每周个人的工作计划,在上周末排出下一周的工作:开什么会议,听什么课,与哪几位教师谈工作,参加什么学生活动,等等。这张工作安排表,放在每个人的办公桌玻璃板下面,力争做到有目的、有计划地工作。我自己除了必要的会议和听课外,经常到处走走、看看、听听、谈谈。到教研组去走走,跟教师聊聊,翻翻桌上的作业本、试卷,边看,边问,边谈,这不但可以了解许多情况,而且也使我和老师的关系更加密切。我还经常到教室里去走走,看看学生怎样活动,如果学生在做作业,就坐在边上看看他们是怎样做的,以便了解学生的学习方法。也与学生谈谈家常,问问他们的学习情况,听听他们对老师教学的意见。我因为经常去走走、谈谈,学生对我也不感到拘束。我还经常到操场、图书馆、实验室和各种课外活动场所去看看、问问、谈谈。这样做可以使我获得第一手材料，有较多的感性认识，再加上适当地听听汇报，我知道的情况就比较全面，比较具体，比较真实。

经常听课是我了解教学动态的另一个重要途径。我不主张光靠查阅教师的教案来判断教学状况。当然，查看教案或抽查作业、试卷也是了解情况、掌握教学动态的一种办法。但是，单看这些书面的东西有片面性。有些老师可能教案写得比较简单，就是几条提纲，但课上得很好、很活跃，深受学生欢迎。有些老师教案写得很详细、很具体，每个环节都写得清清楚楚，有时还加上红笔的圈圈点点，但上课很呆板、不活跃。因此，我不只从教案写得怎么样来判断一位教师教学质量的高低，而把经常性的听课与检查作业、检查试卷结合起来，把亲自掌握第一手材料与听取汇报结合起来，这样就较客观地掌握了学校的教学动态。

听课有各种各样的目的和方式方法。开学初期，领导班子都要花两三周的时间进行普遍听课，了解教师是否真正在贯彻落实新学期提出的新任务。有时我还到一个班级，听上半天或一天的课，以了解一个班级各门学科的教学情况，统计这一天对学生共布置了多少作业。还利用下课时间与学生聊聊，听听学生对这些课的意见，这样听课得到的收获也是很大的。新教师刚上课，他们的课一定要去听，听课后一定要交换意见，鼓励和指导新教师上好课。但对新教师不应要求过高，不宜过多指出缺点。领导听课还可帮助教师总结教学经验。总之，有目的的听课是掌握教学动态和发现教学经验必不可少的好方法，也是学校领导取得领导教学发言权的一种有效手段。

我认为教材的编写质量固然重要，但也不是绝对的，关键在于教师怎样使用教材，光有一本好教材，如果没有好教师，不一定就有好的教学效果；如果教材不太理想，有某些缺陷，但有经验的教师可以在教学过程中弥补教材的不足之处，并且取得较好的教学效果。另外，统一编写练习册、习题集，固然有一定的作用，可以提供师生各种类型的题目，但也有副作用，一是加重了学生的课业负担，尤其是教育行政的业务部门编写的，学校里教师与学生不敢不做，不敢有选择地做，于是作业量就增加了；二是不利于区别对待，因材施教，不顾学生原有的学习基础，让全市所有学生都做同样的习题是不符合教育原则的。同时，由于有了这种统一的习题集，教师就不需要另外再去找题目让学生做，抑制了教师发挥自己教学特色的积极性。总之，我认为编写教材中的习题，应精选题目，考虑到各种最基本的题型，数量要适中，留有余地，让教师根据不同学生的不同情况，自己去找补充题目给学生练习。

管 理 出 质 量

教学质量不是考出来的。考试、考查只是教学过程中的一个环节，是检验教学质量的一种手段。通过考试、考查，可以分析教学质量上的问题，找出教与学方面的原因，从中找出学校领导在教学管理上的问题，以便提出改进意见，促进教学改革。因此，教学质量主要是教出来的，是学出来的，是管理出来的，不是考出来的。管理得好，就能调动教师和学生的积极性，使教师教得更好，学生学得更好，这就是所谓"管理出质量"。

管理首先是教育思想的管理，更确切地说，是教育思想的领导。教育思想是否正确，对学校领导来说是办学方向问题，对教师来说是工作方向问题。它涉及质量观、人才观、学生观。这是学校管理工作的首要课题。

对学校来说，教育思想的中心内容是党的教育方针和培养目标，就是让每一位教师，弄清楚教育与政治、经济的关系，明确培养什么样的人。不是按照个人的好恶，而是按照党的需要、国家的需要去教育培养每一个学生。因此，教育思想必然会触及每一个教师原有的人生观、价值观，这里有一个思想改造的过程，观念转变的过程，是一件长期而又艰巨的工作。我在学校工作期间，除了组织全体教师学习党的教育方针和上级的有关指示、文件之外，主要是通过讨论一定阶段的学校工作计划，统一对工作目标和工作任务的认识，来逐步达到明确党的教育方针的。每学年工作计划中都提出工作目标，这个目标往往是针对教育工作的薄弱环节，侧重某一方面提出来的，在组织全体教师讨论时要讲清楚为什么强化这一方面的道理。把道理弄清楚了，这个目标就可以为教师自觉接受，工作进展就顺利了。如有一时期，我们发现学生在日常品德行为方面比较薄弱，纪律松懈，礼貌欠缺，不注意公共场所的整洁，乱扔纸屑，随地吐痰。于是就在工作计划中着重提出这方面的任务，教师通过讨论弄清楚这个工作目标，于是全体教师人人纠正学生的这些不良行为,效果显著。又如有一时期,学生的体质有所下降,体育运动水平提不高,针对这种情况,就一方面着重抓减轻学生课业负担,另一方面大力开展课外体育活动,并在此基础上年年抓体育,逐步形成了学校的体育特色。除了结合实际工作统一教育思想之外,我们还针对一些典型事件进行讨论,统一对培养目标的认识。有一年,对一个学生能不能评优秀学生,能不能继续当学生干部,教师中有分歧意见。这位学生的思想品德很好,工作积极,但有些课程学得不好,班主任主张可以评优,也能当干部;一部分任课老师认为功课学不好,当学生干部没有威信,评上优秀学生,会引起有些学生轻视学习,两种意见一时难以统一。我就引导大家从培养目标出发,讨论全面发展与平均发展的关系。通过讨论,对这个学生的具体情况有了进一步的了解,认识到他之所以有些课程学得不太好,不是学习态度问题,主要是活动太多,学习时间太少,如果适当减少一点社会工作,还是可以学好的。这样,进一步认识到衡量一个学生是否优秀,首先要看他的思想品德素质,不能去追求门门课程都是优秀,不能把全面发展误解为各门课程的平均发展。最后大家一致认为可以评他为优秀学生,但暂时免去一些社会工作,让他有时间,有精力把功课抓上去。不久,这个学生的学习成绩也跟上来了。通过这样的讨论,不是从概念到概念,而是从学生身上把培养目标具体化了,思想上更明确,收获更大。当然,思想教育时常会受到社会思潮的影响,会随着形势的发展变化有反复性,必须经常抓,松懈不得。

在教学业务管理方面,是抓好教学常规管理。在教学过程的各个工作环节上建立常规制度,如备课、上课、作业、考试以及班主任工作的各个环节,都要有要求、有规矩。常规管理,就是对教学过程基本环节的管理。抓好了教学常规,就能使全体教师在教学基本环节上都符合要求,就能提高教学质量。

制订教学常规,不能搞得很繁琐,要有针对性,要针对学校教育、教学工作中比较薄弱的环节。不必面面俱到,即使执行上级制订的常规,也要针对学校实际,有重点地执行。同时,常规要求也要切实可行,让教师感到既能够做到,也要经过一些努力才能做到。随着情况的变化,常规的内容与要求也应不断更新、提高。这样,随着常规内容与要求的步步深入,推动了教育、教学工作的不断深化。

抓教学常规关键在落实,不搞花架子,不要开始时热闹一阵子,不久就冷冷清清,使常规变成一纸空文。要经常检查,及时发现常规执行中的问题,及时提出,及时纠正,要一抓到底,要真干,不要假干。

当时,华东师大一附中校门口有十六个醒目大字:"勤学好问,一丝不苟,刻苦钻研,持之以恒。"这十六个字既是对学生讲的,也是对教师讲的。落实到每个教师、学生的行动中去,就成为学校中的一种教风和学风。

教学研究结硕果

教学是一门科学,有它自身的规律。要使广大教师认识这个规律,掌握这个规律,除了学点教育理论外,还必须组织教师进行探索、实践,在实践的基础上积累经验,认识规律。教学中的很多问题都涉及教育思想问题。思想问题只能通过学习、讨论,通过提高认识与典型示范相结合的办法来解决,不能单纯依靠行政命令的办法来解决。教学又是一门艺术,同样的教材,同样的教育对象,由于教师的个性、特长不一样,可以有各种不同的教学风格。"教学有法"是指教学必须遵循规律;"教无定法"是指允许有不同的教学风格,形成不同的教学特色。改革教学方法,千万不能形式化、凝固化,更不能以领导的个人偏爱而"厚此薄彼"。开展教研活动是学校教学工作的一个中心课题。如果说掌握教学动态、了解情况、分析矛盾是领导教学工作的基本功,那么领导教学研究活动,探索教学规律,发扬教学风格,就是领导教学工作的真功夫。

教学研究要有课题。课题来自教学实践,是在分析教学工作的各种矛盾中提炼出来的,可以有全校共同的题目,也可以按不同学科的情况有不同的题目。有一年,华东师大一附中试行中学五年制(初中三年、高中二年)的学制改革。当时的主要矛盾是既要缩短学制,又要保证教学质量。关键是处理好教材,改进教学方法,调动学生学习积极性,改进学习方法。我们就抓住这个问题进行研究,对各门学科提出了精简教材的方案,进行了教法和学法的研究。大家既钻研教材,又研究学生,提出了"备课又备人"的口号。各教研组热热闹闹地开展了观摩课、研究课活动。班主任和团、队围绕学制改革,加强对学生的思想工作,调动学习积极性,交流学习方法。这项工作持续了五年,学生毕业时与本校同届的六年制学生相比,在德、智、体诸方面均达到了相同水平。后由于种种原因,只搞了一届的试验就结束了。但通过这项试验，在教师中逐步形成了教研的风气，班主任和团、队工作也积累了围绕学习开展学生思想教育的一些经验。在学制改革试验时，我们发现由于片面抓课堂教学，忽视了课外活动的开展，于是，又提出让学生的聪明才智得到发展，学得更生动活泼的教研课题。各教研组在研究改革课堂教学的同时，研究制订了指导课外活动的计划，纷纷成立了学科兴趣小组。各班级又发动学生按自己兴趣自动组织起来，成立各种科技、体育、文娱之类的兴趣小组，有的是在教师指导下进行的，有的则没有教师指导（主要是高中学生），自己找资料，自己设计研究方案。图书馆、实验室全天开放，全校形成了一股参加课外活动的热潮，出现了许多感人的事迹。一些初中学生研究壁虎是怎样脱掉尾巴的；高中的五六个学生从一本资料上看到"威尔逊云雾室"的照片，决定仿制，根据学到的物理、化学知识，以及金工、木工的手艺操作，在将近两个月的时间里，经过试验、失败、再试验、再失败，终于土法仿制出"威尔逊云雾室"，而且让它产生了"云雾"。在这个过程中，学生锻炼了研究能力，增长了科学知识，培养了顽强意志。文科方面也纷纷成立了各种文学小组，出壁报、编小报、写评论、搞创作，大大发展了学生的文学才能。美术小组开展创作研究，每年举办"五一""十一"两次创作画展，培养了一批"小小画家"。航模、船模、无线电小组活动更是普遍开展，从装配单管收音机到多管收音机。集中抓课外活动，也锻炼了教师，发挥了有特长教师的作用。经过一段时间的实践，取得了发动和组织课外活动小组的经验，摸索出了一套课外活动的管理办法，课外活动成了学校的一大特色。为此，1960 年我代表学校出席了全国文教群英会。

结合学科特点开展教学研究是经常性的工作。1956 年语文学科进行汉语与文学分科教学的试验，开展了教学研究（后来也由于种种原因，没有继续下去），接着就又研究读写结合。外语学科始终抓住听、说、读、写的综合训练进行研究。数学学科一直研究"精讲多练"（这是当时的提法，确切地说，应该是"精讲精练"），推广了一位数学老教师精选作业的经验，数学组几年来一直在精选习题上进行研究。理、化、生学科坚持进行加强实验研究，包括边讲边实验和指导学生实验两个方面。历史学科研究史料和观点统一的问题。地理学科研究地图教学问题，等等。班主任工作是研究对班干部的培养和班主任工作与团、队相互配合、协调等问题。虽然以上这些项目研究层次比较低,研究方法比较原始,但由于抓了教学研究,而且有一定的持续性,也就逐渐形成了校内的一种教学研究气氛,培养了一批有一定研究能力的骨干教师。

在教学研究过程中,学校领导班子成员分别投入到各项研究工作中,与教师一起研究。我体会到,要领导教学研究,自己一定要多学一点东西,多学一点教育理论,多懂得一点教学规律,多懂得一点有关学科的知识,这样才能有发言权。不仅向书本学习,还要向教师求教。只要诚心诚意请教教师,他们定会热情帮助。花功夫认真学习,不懂就问,领导教学研究就有了主动权。

知人善用　人尽其才

学校教育质量的高低,很大程度上取决于师资队伍的水平和他们的积极性。学校三大“基本建设”中,最基本、最重要的是师资队伍的建设。

要办好学校,就要团结人。“团结就是力量。”要团结人,就要对教师多关心、多帮助。关心要全面,政治上、思想上、工作上、生活上都要关心。帮助也是全面的,更重要的是思想上、业务上的帮助。

关心、帮助,就能团结人,增强凝聚力。教师凝聚力的形成,不能单靠物质刺激。那时,根本谈不上什么物质刺激,可是教师工作积极性很高。加班没有加班费,但加班是常事;班主任没有津贴,大家也愿做班主任。当然,领导班子成员本身也要有奉献精神。在团结人的基础上,对不同的教师要区别对待,做到“知人善用”“人尽其才”。

长期从事教育的老教师,教学经验比较丰富,一般地说知识也比较渊博,但有时接受新事物比较慢一点。在教学改革过程中可能起步迟一点。对他们不能要求过高,操之过急,要尽最发挥他们的长处,用其所长。当时华东师大一附中数学、语文、外语、物理、生物、体育等教研组都有好几位这样的教师,他们被称为教研组里的“活字典”,教师碰到教材中的难点,如有些典故的出处、词汇的解释、难解的题目、实验的处理等,常常请教他们,他们也都能热情指点。我是尽量发挥这些老教师的作用,在工作上照顾得多一点,工作量减少一点,排课时尽可能满足他们的要求。我校取消坐班制,首先就是从这些老教师开始的。几年来,在他们的影响下，骨干教师成长较快，也形成了教研组内相互切磋、讨论的气氛。

对青年教师，我是既严格要求，又热情帮助。做学问，搞教学，要有严肃的科学态度，严谨的治学方法，严格的基本训练。新教师报到后，我都要找他们谈话，向他们提出："要当好一个教师，首先要站稳三尺讲台。"鼓励他们安心，认真教学，并且要求他们当几年班主任。告诉他们只有把课堂教学搞好，才能树立威信，班主任工作才能做好。我还让青年教师与老教师搭配在一起，让他们跟班听课，提倡新老教师互相帮助。我还为青年教师排足课时，担子重一点对他们的成长有好处。

要使学校办得有特色，一定要有一支骨干教师队伍。他们是形成良好校风和教学改革的主要力量。要求骨干教师的教学有自己的特色，带头搞教学改革，还让他们参加党课学习，有的送出去进修培养。对骨干教师的教学改革，我基本上都是全力支持的，只要有新的设想和新的尝试，且符合原则，我都支持。如特级教师张思中在"反右"运动中受过不公正的待遇，大学毕业后分配有困难，我大胆地接受了他。他肯干，有一股犟劲，我就发挥他的长处。他改革俄语教学，我就支持他搞试验。搞改革一开始就要求十全十美，可以说是一种不近人情的"苛求"。他的起步是艰难的，曾受到各种非议，但我公开支持他的试验，经过多年的努力，他的"适当集中，反复循环，阅读原著，因材施教"的外语教学方法，终于被许多学校的教师采用，今天已成为有相当影响的教改试验。再如特级教师陆继椿，是华东师大一附中毕业后留校的。他肯学习，有独立思考能力，我就送他去华东师大接受培养，后来在教材改革方面作出了成绩，并影响到全国。几年来师大一附中各门学科教师以及班主任中，都有一些有一定教学特色和工作特色的教师。此外，我还注意培养课外活动的指导教师，关心他们的成长，创造条件让他们施展才能，在指导科技活动，开展音、体、美课外活动以及团、队建设等方面，培养了一批骨干力量，为全面贯彻教育方针，发展学生才能，组成了一支骨干教师队伍。

为"教研""科研"服务

由于工作需要，1964年我离开了华东师大一附中，调到上海市教育局，先是负责政教处工作，后又负责教学研究处工作。不久"文革"开始，教育事业遭到空前破坏。我也受到了不公正的待遇,在"五七"干校劳动锻炼。1972年我调到同济大学在教育革命组(后改称教务处)工作了6年,主要是分管基础课教材的编写工作。那6年我虽然离开了普通教育战线,但对高等教育有了一些了解,这对我以后继续搞普通教育的教学研究是很有益的。

粉碎"四人帮"以后,1978年我又回到市教育局,继续负责教学研究处工作。当时不少学校的教学情况十分混乱,面临的任务是:按照党的十一届三中全会的思想路线,解放思想,开动机器,实事求是,团结一致向前看的精神,对教育工作进行拨乱反正。解放思想,就是要冲破"禁区",研究新情况,解决新问题,使上海的普通教育在恢复中发展,在恢复中创新。

为了整顿和恢复学校的教学秩序,加强对教学工作的领导和管理,经过调查研究,我会同教学研究处的同志研究制订了上海市中小学教学工作的几个文件,即《中小学校长、教导主任领导教学工作的若干意见》《教研组工作和组长职责》《教师备课的几点要求》《中学实验室管理和实验管理员职责》和《中学生学习与作业的基本要求》。

文件制订后,下发至各区(县),由各区(县)转发至各中小学,并组织学习讨论。为了帮助学校领导领会文件精神,我基本上跑遍了所有区(县),向中小学校长作报告,并组织教学处人员检查落实情况。这项工作对当时拨乱反正,恢复正常教学秩序,加强对教学工作的领导,起了积极的作用,受到了欢迎。

1980年初,我在全市中学校长会议上就当前学校教学工作中的问题作了一个报告,提出了"智力""能力"问题。在这个基础上,以后由市教育局归纳为"加强基础、培养能力、发展智力"十二字,作为学校教学工作的一条指导性原则。这个报告对当时的教学工作起了促进作用,开始重视发展学生的智力和能力。为了使这项任务落实到各学科教学中去,我又组织各学科教研员根据本学科特点,拟定了各学科课堂教学中贯彻"十二字"的基本要求和基本做法,并形成了《当前改进中小学各学科课堂教学的意见》这一文件,下发至各学校,使"十二字"的教学要求落到了实处,推动了教学改革。

我在教学研究处短短的五年时间里,以上这两项工作总算对全市中小学教学工作起了一点作用,留下了一点痕迹,为进一步深化教学改革,做了一点奠基性工作。

1984年，我调任上海市教育科学研究所所长，当时教育科学研究所刚成立，条件极差。教育科学研究尚未引起各方面的重视，缺乏教育科学研究的理论和方法。教育科学研究所本身又没有一支像样的研究队伍，没有像样的研究条件，缺乏经费，缺乏资料。我在这种环境下工作是艰难的，初创阶段只能是做一点打开局面的工作。例如：推动各区（县）设立教育科学研究室，形成市区（县）两级教育科学研究网络机构；举办教育科学研究方法学习班，培养科研骨干队伍；设立教育科学研究成果论文奖，并建立评奖制度，每两年评选一次，以推动群众性的教育科研工作；召开科研课题规划会议，规划全市科研课题；在教育科学研究所内部组织力量进行课题研究（当时主要是研究中小学办学水平的评价），等等。以上这些基本上都属奠基性工作，上海市教育科学研究所在今天对全国有一定的影响，主要是后任的几位所长和全体科研人员努力的结果，我实际上没有做什么工作。

我还当过上海市第六届政协委员，国家教委兼职督学，上海市中小学课程教材改革委员会顾问和中小学教材编审委员会副总编审。我于1988年离休。离休后继续参加课程教材改革工作和教科所有关课题研究等活动。

我把自己的教育生涯写出来，仅仅是作为个人的历史回顾。但愿后来者在我这颗小小的铺路石子上，筑起一条宽广的大道，迎接更大规模的教育改革。

谈谈对学校教学工作的领导

市教育局颁发了《中小学校长、教导主任领导教学工作的若干意见（试行稿）》，我想就其基本精神，从四个方面来谈谈对教学工作的领导问题。

掌握教学动态，分析主要矛盾
——领导教学工作的基本功

前几年，我们花了大量精力整顿校风校纪，使学校的教学秩序大有好转，为深入抓教学创造了一个良好的条件。但教学秩序的好转并不意味着教学质量的提高。从表面上看，似乎每天上课、下课很平静。假如一个学校里学生中没有发生什么偶发事件，很可能认为"天下太平"，没有什么事情好抓了。实际上，就在这平平常常的上课下课过程中，孕育着教学质量的变化。如果我们不去经常了解这平凡的上课下课中的种种情况，不去及时解决产生的矛盾，等到问题成了堆，到一个学年结束，甚至到毕业的时候再去解决，就来不及了。因此，领导教学工作就要及时掌握各种教学动态，及时发现和分析各种矛盾，然后有步骤地采取各种办法去及时解决。我认为这是一项领导工作的"基本功"，关键在"及时"两字。最近我看了一些学校的工作计划，有的计划订得很好，但也发现有的计划似乎有些千篇一律，这个学校好用，那个学校也好用，今年好用，明年也好用，没有反映自己学校的特点。问题可能就出在对自己学校的教学情况还没有分析准确，分析透彻，找不出主要矛盾，因而使得计划流于一般化。

学校领导经常深入到课堂听课是掌握教学动态的一个好办法。听课有各种各样的目的，有的是为了研究某一项教改试验，有的是为了总结某一位教师的经验，也有的是为了帮助新教师的教学，等等。但校长听课的主要目的是掌握全校教学动态,所以要善于从大量的课中间找到教学工作中存在的共同性和倾向性问题,不要一课一课割裂开来看问题,也不能仅是在听课后对教师个别谈谈话,更不能仅仅是为了完成听课指标。要做到这一点,就要经常听课,不能一曝十寒,而是要有所分析,从个性中找共性。前一段时间,有人反映,现在有些学校的初一学生差距已经很大了。最近我到两个学校去听课,一个是重点,一个是非重点。我分别在这两个学校的初一找了一个班级,各听了半天课,从早上第一节听到中午第四节,涉及数学、语文、外语、生物、地理五门学科,收获很大。比如外语课,从头到尾只提问了五个学生,其他大量时间都是齐声朗读,这种齐声朗读固然也需要,但老是逗留在这种"大合唱"式的齐读上,就不能有效地纠正学生的发音,尤其这些学生家里条件差,没有人来帮助辅导外语,只有靠老师课堂里给他指点,而老师课堂里"指点"的办法就是齐声朗读,大家"大合唱",唱了一节课,这样差距怎么会不大呢? 又如数学课,是复习课,做题目。但学生做题目时,教师没有利用这个时间看看差的学生究竟怎么做的? 没有给予个别辅导,而是就事论事地纠正学生板演时的错误,也没有抓住关键性的共同性的错误,组织学生讨论,引起全班学生注意。再如语文课,是作文评讲。老师说,我来读几篇写得好的作文,大家听听看好在什么地方? 接着一篇一篇地读,边读边说这一篇审题审得好,这一篇头尾呼应得好,等等。学生开始时还能安静地听,但是老是这么读,大家也听不出究竟审题好在哪里,头尾如何呼应,于是课堂纪律就乱起来了。最后一节地理课,老师讲"北部内陆两区一省"。讲了这个地方的地形、气候、物产、历史,边讲边写黑板,写了一大黑板,二十分钟就讲完了。我一看学生的笔记本,没有几个字。这样快的速度,学生顾了听,顾不上记,顾了记,顾不上听,结果记也没记好,听也没听好,课堂效率极低。听了这半天课,我知道了为什么初一学生有这么大差距的一个原因。我想,如果我们大家能经常这么在一个班级呆几个半天,发现一些共同存在的问题,可能比坐在办公室里听汇报,收获更大,效率更高。

查阅教案、检查作业和考卷,也是了解情况、掌握动态的好办法。但是,单看这些书面的东西有片面性。有些老教师可能教案写得比较简单,但课上得很好,很活跃。有些教师可能教案写得很详细,很具体,但上课很呆板,不活跃。因此,不能单凭教案写得好不好来判断课堂教学质量高不高。"试行稿"中提出要把参加备课、查阅教案、检查作业与考卷和听课结合起来，这样才能比较客观地掌握教学情况。

另外，要提倡校长到处走走、看看、听听、谈谈。多到教研组走走，跟教师聊聊，翻翻桌上的教案、作业本、考卷等，边看边问边谈，不但可以了解好多情况，而且也有利于改善领导与被领导的关系。要到教室里去多走走，看看学生怎样活动。如果学生在做作业，你看看他是怎么做的，可以了解到学生的学习方法和学习习惯。也可以跟学生谈谈家常，问问他的学习情况，听听他对老师的意见。如果经常这样做，学生对你校长也不会怕了，他可能什么话都对你说。校长还要经常到图书馆、实验室、操场和各种课外活动场所去看看、问问、谈谈，这样做对深入掌握情况是有好处的。

掌握动态与分析矛盾要结合起来。"试行稿"中规定一个学期至少要搞两次教学情况分析。领导对教学情况的分析要与教师对学生的质量分析结合起来，并要在教师对学生质量分析的基础上进行。对教学质量的分析，要把主要精力用来分析学生知识上的缺陷、能力上的薄弱环节及其造成的原因，不要用主要精力去搞过细的、烦琐的分数统计。对分数要具体分析，要相信它，因为这是反映学生质量的一个标志，但又不能迷信它，因为评分标准不可能做到百分之百的正确。这叫"不可不信，不可全信"。

总之，校长对全校的教学情况，心中既要有一本"总账"，也要有一本"分类账"。"总账"就是全校教学的动态，各学科共同存在的问题，"分类账"就是各门学科的教学动态，各学科存在的问题。有了这两本账，就可以做到"心中有数，指挥若定"了。

开展教学研究，提高教学水平
——领导教学工作的真功夫

教学工作中出现的各种矛盾和问题，主要通过组织教师采取研究探讨的办法来解决。因为教学是一门科学，有它自身的规律。要使广大教师认识这个规律，掌握这个规律，就必须有领导地组织教师进行探索、实践，在实践的基础上积累经验。减少盲目性，提高自觉性。同时，教学中的很多问题都涉及教育思想问题。

思想问题只能通过学习、讨论，以及提高认识与典型示范相结合的办法来解决，而不能单纯依靠行政命令的办法来解决。因此，开展教研活动是解决教学工作中各种矛盾的一个主要办法，是学校教学工作的一个中心课题。如果说了解情况、分析矛盾是领导教学工作的"基本功"，那么开展教学研究活动、解决教学中的问题就是领导教学工作的"真功夫"。

开展教研活动的"基地"是教研组。一个学校教研组没有建设好，教研活动就没有"基地"。要把教研组建设好，首先就要把教研组长配备好。如果一个教研组配备一个好的组长，再团结几个骨干教师，形成一个团结的积极向上的集体，这个教研组工作就会生动活泼、大有希望。因此，校长对教研组长的人选特别要慎重，要选得好，而且要花力气加以培养。我认为，一个教研组长应当具备三个基本条件：第一，要有责任感，要敢于负责，敢于抓工作，这是基本的，没有这一条，教研工作就没有一股劲；第二，教育思想要端正，教学业务要好，要有相当的教学经验，最好能够高初中教学内容都比较精通，这是必要的条件，缺乏这一条，就没有充分的发言权；第三，要有一定的组织能力，能够团结同志，调动各方面的积极性，这一条也是不可缺少的。目前，有一些组长基本上具备了这三条，这是十分可喜的。即使还没有完全具备，领导的责任是对他们进行帮助、培养。现在好多学校采取一个办法，就是校长、教导主任（有的学校还加上支部书记）分工联系教研组，每人联系一两个组，参加教研活动，经常与组长一起商量工作，进行个别帮助。这种办法针对性较强，工作具体，是一个好办法。除了这种个别帮助的办法外，开好教研组长会议也是一个重要的办法。教研组长会议应该由校长亲自主持召开，校长要亲自规划一个学期的教研组长会议的内容。教研组长会议的内容基本上是：学习理论（学点教育学、心理学），统一认识（统一对方针思想的认识，统一教学指导思想），研究工作（分析教学情况，讨论工作措施），交流经验（交流开展教学研究活动、培养师资等方面的经验）。不要把汇报情况作为教研组长会议的主要内容，各学科教学的基本情况，可以由分工联系教研组的学校领导相互交流汇总，不必花时间在教研组长会议上解决。如果两个星期一次教研组长会，一个学期也只能开十次左右。校长对这十次左右的教研组长会要有一个统盘规划。要明确解决什么问题，如果规划得好，会议质量高，教研组长队伍的水平也就能够得到很快的提高。

专题研究是一种比较好的教研活动形式。对专题的确定要花功夫。教学中共同存在的问题,可以作为全校性的专题。属于各门学科的,带有"个性"的,可以作为教研组的专题。大的专题,需要花比较长的时间去解决;小的专题就能在短时间内获得比较好的效果。但不论是什么专题,都应该有针对性,不要人云亦云,要针对本校本学科中实际存在的而且迫切需要解决的问题来确定,不要看风向来定专题。当前,教学研究的一个总的专题是对"加强基础,培养能力,发展智力"的研究。在这个总专题下,可以有不少具体的题目。如有的学校研究培养学生的自学能力;有的研究培养学生的思维观察能力;有的研究培养实验能力;有的研究培养记忆能力,等等。还有的学校在研究考试命题、评分标准,做到既考查知识,又考查能力;有的在研究中小学的衔接;有的在研究各种学生的学习心理、学习方法和学习习惯。过去我们对自己的教育对象研究得太少了,现在要好好地加强研究。据我们教科所的不完全统计,各中小学正在研究的课题大大小小,差不多有四五百个。教学研究开始受到重视,形势大好。

这里我建议大家研究一下从实际出发的问题。这个题目很现实,很重要。当前多数学校教学中存在着"三个脱节":一是学生的实际程度与教材要求脱节,实际程度跟不上教材的要求;二是学生思维能力的发展与知识水平脱节,思维落后于知识;三是学生的学习方法、学习习惯与学习要求脱节,学习方法、学习习惯不适应学习要求。造成这"三个脱节"的原因很多,最主要的原因之一,是教学没有真正从学生的实际出发,没有认真地研究学生,不了解学生的实际程度,而是片面地赶进度,超要求,追求所谓"高难度""高速度"。因此,要真正解决这几个脱节,就要老老实实从学生的实际出发。在这个方面,有的学校已经有了一些经验,概括起来,基本上有三条:(1)从起点抓起,就是从初一抓起,从起始学科抓起;(2)从基础抓起,就是不离开大纲,紧扣教材,减小坡度,不赶进度,在"懂"字上下功夫,在"会"字上花力气;(3)从常规抓起,就是从培养学生的学习方法、学习习惯入手。有一所学校是一般中学,学生来源很差,他们对初一学生搞了一次摸底练习,考了200个生字,都是小学念过的,而且都是常用字。结果是平均每人只写对40多个,最差的一个学生只写对16个。面对这种情况怎么抓?教师就着手抓写字,端端正正写;抓读书,仔仔细细读;抓讲话,清清楚楚讲。既抓了基础,又抓了常规。教师的教学要贯彻"少则得,多则惑"的精神,方法灵活多样,力求调动学生的学习积极性。我觉得这样抓比满堂灌、赶进度实际收益更大,使学生真正学有所得。因此,"从实际出发"这个课题,对多数学校来说,应该要花功夫去研究,这是当前一个很重要的研究项目。教学研究的基本方法是理论和实际相结合,采取边讨论边实践、再讨论再实践的办法。就是一面学习讨论,提高认识,一面进行实践、探索,然后在实践的基础上肯定成绩,进一步探讨问题,提高认识,接着再进行实践。搞教改不要求全,也不可能"立竿见影",只要有一点突破,只要有一点新的苗子,领导就要及时地、满腔热情地肯定,在学校里推广。教改的经验不可能一步完成,总是逐步积累起来的。重要的是要充分肯定点滴的进步,保护教师的积极性。教学工作上的有些矛盾,除通过教学研究解决外,还可以辅以行政手段。譬如要解决考试测验过分集中的矛盾,可以由教导处统一调配测验次数和时间,加以一定的限制。又如采取加强管理的办法,经常检查各学科教学进度的执行情况,以严格控制赶进度的偏向,等等。

抓好师资建设,壮大骨干队伍
——领导教学工作的基本建设

一所学校教学质量的高低,很大程度上取决于师资队伍的水平。所谓"名师出高徒",就是这个意思。学校的三大"基本建设"是教材建设、师资队伍建设和仪器设备建设。其中,师资队伍建设是最基本的、最重要的。学校办得好,有特色,出了名,除了校长的教育思想高明外,往往是因为这个学校有几个比较突出的好教师和一支有优良教风的师资队伍。

抓师资队伍建设,要有远见,有一个通盘打算。每学年对全校教师的人事安排,不能只顾眼前,不顾将来,既要考虑到当前教学工作的需要,又要考虑到有利于整个师资队伍的迅速成长与提高。这是校长的领导艺术。校长对自己的这支队伍心里要有本"账",要做到"知人善用",要了解每个教师的长处和短处,用其所长,补其所短。要了解哪些教师善于教初中或低年级,哪些教师善于教高中或高年级;哪些教师善于做班主任;哪些教师有什么"一技之长",等等。因此,在人事安排上就要考虑哪些教师是可以让他从小循环到大循环,逐步成为通晓这门学科的骨干教师,哪些教师应该在某一个年级稳定几年;哪些教师可以在某一个方面充分发挥他的特长,成为一种"教学流派",等等。总之,要通盘打算,"知人善用","人尽其才"。

师资队伍建设,首先要抓好思想建设。思想建设的首要任务是要加强事业心、责任感。这一条是最根本的。有了这一条,其他薄弱环节可以逐步克服。思想建设的另一方面,是教育思想的建设。这里包括教育方针思想和教学指导思想两个方面。当前教学工作中的各种各样矛盾、问题,都是与教师的教育思想不端正有关,恐怕首先与我们领导的教育思想有关。最近我看了几个学校的课表,大吃一惊。初三历史课到第十周就没有了,音乐砍掉了,美术砍掉了。高中毕业班规定一到三周要教人口教育,但多数学校都砍掉了,因为升学考试不考。相反,有些学科的周学时任意增加,有的从 6 节增到 8 节、9 节,有的从 4 节增到 6 节、7节。发生这些情况,都是由于缺乏完整的教育思想,不是从育人的观点出发。缺乏育人的观点,就谈不到正确的教育思想。正如有些同志说,上面讲的是"两个全面",全面贯彻方针,面向全体学生;下面搞的是"两个片面",片面追求升学率,片面抓智育。这好像交通规则中的"人车分离,各行其道"。交通规则是应该各行其道,否则要出车祸。但是,贯彻党的教育方针不能各行其道,应该上下一心,同心同德。尤其是学校领导的思想,关系更大,上行下效嘛!因此,这个思想建设要从我们领导做起。另外,教学指导思想建设也很重要。教学方法的改革首先是教学指导思想的端正。有了正确的指导思想,才能够形成正确的方法。正确的教学指导思想就是要正确处理教与学的关系。让学生主动地探索知识,而不是被动地接受知识,着眼于培养智力和能力,而不是概念、公式的堆砌。如果我们把学生纯粹看作教育的客体,只是片面强调传授知识,那么方法上就容易采取"满堂灌";如果既把学生看作教育的客体,又把他们看作教育的主体,既传授知识又培养能力,就要想方设法改进教学方法,调动学生学习的主动性、创造性。最近一位有 30 多年教龄的特级教师对我说,他最近搞了一段时间的教学研究,别的经验总结不出来,最深的一点体会是开始摆正了教与学的关系。可见,抓好教学指导思想建设是改革教学的一个关键。总之,教学工作中各种矛盾都要从教育思想上去解决,离开了这一点，就不能从根本上解决问题。

其次要抓好业务建设。业务建设包括科学文化水平的提高和教育学、心理学的理论修养。无论是中青年教师或老教师都面临着一个知识更新的问题，要广泛地吸收新的知识。我认为，教师知识越广博，学生接受知识所花的时间和劳动越少，教学的效率就越高。有些单位调查学生最喜欢的是怎样一种教师，最不喜欢的是怎样一种教师。调查的结果，不论是好学生还是差学生，反映都一样，最喜欢的是三种教师：第一是知识渊博，又肯教人；第二是教学方法好，能够吸引人；第三是耐心教导，容易接近。最不喜欢的也是三种人：第一是经常骂学生、讨厌学生的；第二是教学内容贫乏，教学方法枯燥无味的；第三是对学生没有同情心，把学生看死的。这里无论是最喜欢的三种情况还是最不喜欢的三种情况，都涉及教师的学识、方法、人品和修养等几个方面，涉及教师的素质问题。学生的科学素质，是靠教师培养出来的，建设一支具有良好素质的师资队伍，是一项具有战略意义的工作，应该作为头等重要工作来抓。

对于教师的在职进修，要正确处理好两个关系：一是要处理好进修与教学的关系。进修是为了教学，不能影响教学，校长要帮助教师处理好这个关系。二是要处理好"文凭"与水平的关系。事实上有些教师在学历上来讲可能没有大专程度，但是长期从事教学工作，积累了丰富的经验，实际的教学水平不见得比一个本科毕业生差。相反，如果本科生肚子里没有真正的学问，他的教学效果不一定比得上一个自己肯努力学习又工作了几年的没有大学文凭的教师。可见，"文凭"固然在一般情况下可以反映水平，但是"文凭"不一定等于水平。对这个问题应该有一个辩证的观点。除了系统进行在职进修外，学校领导要创造条件，让教师多接触一些新鲜东西，要鼓励教师多看一些杂志和有关的专业书籍，多吸收一点营养，使自己的这一桶水变成"活水"，而不是"死水"，是"流水"，而不是"静水"。另外，要让教师多研究一点问题，提高自己的教学能力。总之，要把学校作为教师进修的基地。

要特别强调骨干队伍的建设，首先是中青年骨干队伍的建设。当前，师资队伍"青黄不接"，有些老教师在工资调整以后就要退休了。这些骨干老教师退休后，就会产生对骨干队伍的补充问题，我们不能把希望寄托在上面派教师来。上面可能会给你一些教师，但都是应届毕业生，应届毕业生要花几年功夫的培养，才能够成为一个骨干教师。因此，不要眼睛向上，要眼睛向下，把立足点放在自力更生上，踏踏实实做一点培养骨干的工作。校长要有两支骨干队伍：一支是教学工作的骨干队伍；一支是学生政治思想教育的骨干队伍。教学工作的骨干队伍应该以教研组长为主，再配备一些骨干教师。学生政治思想教育的骨干队伍应该包括班主任和团队干部。这两支骨干队伍建设好，就等于校长添了"翅膀"，有了左右手。学校教育、教学水平的高低，很大程度上取决于这两支骨干队伍的水平高低。学校里的教风往往都是由骨干教师的教风带出来的，而教学改革的新路子，首先也是靠骨干教师闯出来的。可见，骨干队伍的建设对学校的质量有着举足轻重的作用，务必花大力气、花大本钱把它建设好。

向科学要本领，拜专家为老师
——领导教学工作的自我修养

学校的教育和教学工作是一门科学。对科学的东西要靠科学来领导，不能够仅仅靠权力来领导。我们过去没有把学校教育、教学工作看成一门科学，不强调按科学规律来办事。粉碎"四人帮"以后，明确了学校教育、教学工作是一门科学，那就要按科学规律来领导。衡量领导的正确与否，首先看是不是懂得这门科学，真正掌握规律。校长是一校之长，也可以说是"教师的教师"，是把舵的，把握方向的，不能带错路，搞瞎指挥。现在提倡干部队伍要革命化、年轻化、知识化、专业化，学校领导的专业化，就是要懂得教育这门科学，不能够安于当外行，要力争成为教育的行家。

要成为一个行家，就得向科学要本领。首先必须懂得一般的教学原则和教学规律，要懂得教育理论。校长听了课，可能对这门学科的具体内容不一定都能够提出很恰当的意见，但起码能够判断出这堂课是好课还是不好的课，是成功的课还是不成功的课，说得出哪些地方符合教学原则和教学规律，哪些地方不符合。但是，校长不能满足于了解一般的教学原则和教学规律，还要深入到学科领域中去，逐步熟悉各门学科。"试行稿"中就提出，校长要从了解熟悉一两门学科大纲入手，逐步做到了解熟悉所有的学科大纲。这个要求是高的，但也是应该努力的方向。大家可能都很熟悉苏霍姆林斯基，他是当代一位比较有名的教育理论家、实践家。他一共做了 23 年校长。但是，他的底子并不厚，是一个初中毕业的小学教师。他通过函授读完了师范学院 4 年的课程。当了中学校长以后，他深深地感觉到不懂教学业务就领导不了教学工作。因此，他在校长的岗位上下决心自学，花了三年功夫，学了数学、物理、化学、生物、历史等几门课程，而且自己兼课。据说，他除了一门制图课没有教过外，其他的课都教过。他就是靠这么一个硬功夫成为当代著名的教育理论家、教育实践家。他最深刻的一条体会就是：不深入到学科领域中去，就领导不了教学工作。因此，我建议大家下决心钻下去，一年，二年，三年，坚持下去，必有好处！

要当好一名教师，就要向学生学习，"先当学生，后当先生"。那么，校长要领导好教师，也应该向教师学习，先当教师的学生，再当教师的教师。有些老校长对各门学科都懂得一点。哪里学来的？除了自己花功夫熟悉大纲、看教材之外，很大一部分是向教师学来的，都是在听课中间学来的，在与教师一起备课中学来的，在与大家一起评课的时候学来的。只要校长做一个有心人，处处可以向教师学习，关键是要老老实实地学。正如一位领导同志说，从整体上来说，我们中国共产党比别的政党高明，我们能够领导别的政党，领导全国人民进行"四化"建设。但是，作为我们共产党员个人，恐怕有相当的党员不一定比党外人士高明，甚至还要差得远。我们在领导岗位上的同志，要有点自知之明，应该放下架子，虚心地向群众学习。

现在，教学工作碰到许多新情况、新问题，这些问题凭我们已有的经验已经应付不了了。对教师来说，有个知识更新的问题。对我们领导来说，恐怕也有一个经验更新的问题。我们要解决队伍老化的问题，但是更危险的是思想老化。要防止思想老化，就得不断学习，不断吸收营养。如果你不熟悉的事情，不去熟悉它们，那么路将会越走越窄。

1980 年

教学质量是教学管理的生命

一

在学校管理工作中,教学管理很重要,因为学校的中心工作就是教学工作,所以必须把这个中心工作管理好。教学管理是一个多侧面的统一体,强调了其中的某一个侧面,管理工作的模式就有不同的称法。有侧重于加强师资队伍和职工队伍建设、着眼于提高全体人员工作积极性的,叫作全员管理;有侧重于对教育教学过程的各个环节加强统合与协调的,叫作流程管理;有侧重于根据已有基础和条件适时地提出新的奋斗目标并用目标来统率管理的,叫作目标管理;也有侧重于用计划来组织和实施管理的,叫作计划管理,等等。这些都是比较常见的管理模式,都分别强调了教学管理的某一个侧面,因而都是有一定道理的。但是,教学管理的中心内容是什么? 我认为,教学管理的中心内容只能是教学质量。为什么呢? 因为发挥人的工作积极性也好,制订计划、目标也好,完善管理过程的运行机制也好,它们都是为提高教学质量服务的,都必须紧紧围绕教学工作的质量这个中心来开展工作。因此,我认为,教学管理的中心内容是教学质量,教学质量是教学管理的生命。我们要理直气壮地狠抓教学质量,无论是教育行政部门还是中小学校长和教师,上上下下都要狠抓教学质量不松懈,这是提高教育质量和办学水平的根本途径。

二

那么,怎样才能搞好学校的教学质量管理呢? 我认为,首先必须树立正确的教学质量管理的观念。

从微观的角度考察教学活动,影响教学质量的因素主要有四个:教师、学生、教学内容和教学手段。在我国目前基础教育的条件下,课程教材是统一的;教学的设施设备与学校原有的条件有关,可以不断改进和更新,但也是相对稳定的;在教师与学生的相互关系中,教师对教学活动起着"主导"作用,学生在教师的"主导"作用之下发挥学习"主体"作用,通俗一点讲,学生是教师"教"出来的。更何况,教学内容要靠教师去正确把握,教学手段也要靠教师去正确运用,学生的学习积极性也要靠教师去保护和调动,学生的学习方法也要靠教师去指导和培养。因此,我认为,教学质量管理的关键,是对教师的"教"进行质量管理。中小学校长要把提高全体教师的思想政治素质和业务素质当作自己责无旁贷的领导管理职责,要把学校作为师资队伍建设的主阵地。把师资建设看作只是上级领导部门的事情,或看作只是教师进修院校的事情,在学校管理的日常工作中不予重视,这是十分片面的和有害的。

从教学质量的含义上看,所谓教学质量主要包括三个方面:学生的学习质量,教与学各个环节的质量,以及教学辅助手段的质量。这三者统一起来就是全面的教学质量观。学生的学习质量不仅仅是学习成绩或考试分数,还包括学生在德、智、体、美、劳等各方面的素质发展状况。即使是智育,也不能光看考试分数,而且要看学生的智力能力发展状况,看学生的科学世界观,看学生的学习态度、学习习惯和学习方法等。教学活动过程的质量,即教学工作各个环节的质量,有点类似于工厂企业的生产环节,各个生产环节的质量有了保证,产品质量才有保证。只有管好"教"与"学"的每一个环节,才能保证学生的学习质量。一般来说,主要是课堂教学和课外教学活动两个方面的质量抓好了,提高教学质量才有基础。当前在中小学教学管理中存在着一种不良倾向,就是用考试来指挥一切、统率一切,让教学工作围绕考试运转,这是一种本末倒置!其实,考试仅仅是教学活动的一个环节,它是为教学服务的,而不是指挥教学的。学生的学习质量是教师"教"出来的,是学生"学"出来的,而不是"考"出来的。因此,我主张,要保证学生的学习质量,就必须把注意力集中到教学工作各个环节的质量上来。教学辅助手段的质量,如图书馆、实验室、电化教学、工具与资料等,也是影响学生质量的重要因素。但这是通过影响教师的教学作用于学生的,这种影响按其性质来讲是间接的和次要的。总之,在教学质量的这三方面中,学生的学习质量是最终的结果,教学辅助手段的质量是必要条件,而教学工作各个环节的质量则是起保证作用的,对学生的学习质量起着决定性的作用。因此,我一贯主张,教学质量管理的重点,是大力提高教学过程各个环节的工作质量,教学过程中每一个教学环节的工作质量搞好了,提高学生的学习质量就有了基础,就有了保证。

三

教学质量管理的重点是提高教学过程各个环节的工作质量。教学过程的环节是什么呢?以课堂教学为例,主要是教师备课、上课、布置和批改作业、课外辅导,以及命题考试测验。从"学"的方面来说主要是听课、做作业以及预复习等。学校领导对这些环节都应该提出基本的要求,也就是教学常规的质量标准。从这个意义上说,教学常规是教学质量管理的基本建设。我们应该把建立和健全教学常规作为一项十分重要的经常性工作列入议事日程,分析和寻找其中的薄弱环节,从而确定教学研究的课题和教学改革的主攻方向。

教学过程各个环节的工作质量的基本要求,小学和中学可以有所区别,不同的学校也可以在教学常规上有自己的侧重点或特色,不同的学科也允许有差异。但是从总体上看,中小学校的教学常规还是有最基本的要求的,它反映教学常规共性的一面。下面,我想对中小学校教学常规中"教"的方面的基本要求发表一些看法,供大家参考。

第一,关于备课。

教师都要备课,但不是每个教师备课都是达到基本要求的。最常见的问题是,备课不够充分、不够全面,其主要表现是:只备"课本",不备"学生";只备"内容",不备"练习",布置作业的盲目性很大,难以贯彻"少而精"原则,这也是造成学生学业负担过重的一个原因。不备"学生",对学生的原有知识基础、学习能力、学习方法不甚了解,教学要求的把握就可能脱离多数学生的实际,更难以兼顾不同学习程度和水平的学生。可见,备课的质量对学生的学业成绩关系很大,是教学活动过程的首要一环。备课的基本要求可以归纳为三点。(1)粗备,即教师利用寒暑假将自己任教学科的全部教材内容通读一遍,既要通读课本,搞清楚课文内容的结构、重点章节以及各章节之间的联系,也要将课本练习和课堂练习册上的习题通做一遍,明白习题与课本内容、教学大纲之间的对应关系,并在此基础上制订和撰写学期授课计划。(2)细备,即撰写好教案。教案内容的详略及形式可以因学科、具体的教学内容和教师的个人情况而不同,但是我主张:一是要有教案,人人都应写好教案;二是要超前备教案,即备好开学后二至四周课时教案,至少备好开学后一周课时的教案;三是要从学生的实际出发,即了解学生的学习基础、水平差异,以中等程度的学生来确定教学目标的要求。这样的教案质量才比较高,这样备课的教师才算得上是职业上比较成熟的教师。(3)复备,即临上课前的修整,既可以是第一次使用教案前的拾遗补缺,也可以是上好了一节课之后发现原教案有不足之处,上第二个班级的课之前及时地加以调整修补。

综上所述,对教师备课的基本要求大体上可以概括为如下几个原则:备"书"与备"人"相结合、备"课"与备"题"相结合、"超前"备课与"及时"修整相结合。只要按照这些原则去备课,备课这一教学环节的工作质量就比较有保证。

第二,关于上课。

做教师的都有体会,把一节课对付着上过去是比较容易的,但要真正上好一节课又决非易事。课堂教学是教学活动过程中十分重要的一环,其质量高低,直接影响学生的学习质量,也比较具体地体现教师的专业水平和教学能力。因此,我们应重视课堂教学的管理。课堂教学既有科学性的一面,又有很强的艺术性的一面。这里有师生之间的情感交流,也有教学环境的影响。同一位教师,即使是使用相同的教材,对同样的班级,也上不出两节完全相同的课。学科性质不同,教学方法就不同,学生原有基础不同,教学方法也不同,师生之间感情基础不一样,教学方法也有区别,再加上教师本人素质、特长、风格的不同,课堂教学的方法、方式是千差万别的。教学管理千万不能规定统一的模式,50 年代,在全面学习苏联经验时,我们是有过教训的。现在我们应该鼓励教师探索不同的教学模式和教学方法,形成各自的教学风格和教学特点。但是,一节课上得是否成功,还是有着一般的基本要求的。我认为,从评课的要求来衡量,以下几个问题是必须考虑的。(1)是否达到了教学的目的要求。即教学大纲规定的教学要求是否都达到了,知识及其相互之间的联系学生是否弄懂了,相应的技能技巧和思维方法学生是否学会了,这是一个目标达成度的问题,评课时一定要考虑。评课一定要讲究课堂教学的实际效果,反对只追求表面上热热闹闹的形式主义的评课做法。(2)教材处理是否得当。这主要涉及教学中的难点是否适当分散,重点是否突出,概念以及知识之间的相互联系是否讲清楚了等,这在一定程度上体现教师的教学修养。(3)学生的学习兴趣是否调动起来,学生在问题情景中是否处于积极思维的状态,思维的质和量如何。对教师而言,是少一点灌输式、多一点启发式;对学生而言,是少一点被动学习、多一点主动学习。(4)是否在课内给学生以必要的活动时间,让学生自主地思考、发问、讨论和练习,不搞满堂灌。我认为,上述四项有关上课的基本要求,也是领导听课、评课的基本要求,这些要求都是可以观察的、可以测度的,因而也是比较容易在评课中操作的。

第三,关于作业。

这个环节,对于教师而言,是布置和批改问题,对于学生而言,是练习、写作、实验问题。这是教学双边活动中十分重要的一个环节。学生通过作业,就可以把从课堂教学中学到的知识转化为能力;学生作业的过程既包括思维能力方面的训练,如口头表述、书面解题和作文训练等,也包括动手能力方面的训练,即那些实践操作的技能技巧的训练。这个教学环节质量之高低,在相当大的程度上取决于教师如何布置和批改作业。目前比较突出的问题,一是各种教学参考资料泛滥成灾,各种题卷题集漫天飞舞,一些教师不善于精选题目,不善于教学诊断,不能实施矫正性练习,往往是盲目性地搞所谓的题海战术,造成学生负担过重;二是布置作业后,自己来不及批改,或是采用批改一部分的办法,或是采用只批不改的办法,甚至干脆让学生相互批改,或利用课内或课余时间对答案的办法,总之,批改作业比较草率,不认真。以上两方面的问题,都有很大危害,长此以往,严重影响教学质量。因此,我认为教师要做到两点。(1)布置作业要做到精选题目、有的放矢,贯彻"少而精"原则,要求教师在备课时,认认真真选好题目,即要"统做题目、精选练习",还要明确写进教案。我的看法是,做两三个有针对性的、有质量的题目要比做十几个乱七八糟的、没有针对性的题目效果更好;即使对那些作为教材一部分的练习册中的题目,一个负责的教师也应该具体分析。要从班级学生的实际出发,该做的做,该换的换,该删的删。决不能为了应付上级来的"统考""统测",凡是练习册中有的一律都做。(2)批改作业,一是要自己批,二是要改错,三是要及时。只有自己批,才能掌握学生的学习状况,了解学生在学习上的薄弱环节;批改作业不是批阅,应该在改上下功夫,不仅指出错误,而且改正错误,不同学科的作业,改错的方式可以不一样,但总应以一定的形式告诉学生正确的答案;批改越及时,就越能发挥反馈矫正的作用。一个富有教学管理经验的校长,不仅要经常查看教师的教案、走进课堂随堂听课,而且要经常翻阅学生的作业本,从中可以看出教师的治教态度和作风。至于批改作业是否会增加教师的负担,答案是肯定的,问题是领导上要拿出对策来,做到既能使教师认真批改作业,又不过多地加重教师负担,若是增加了负担,也可以计作工作量。

第四,关于辅导。

在经过了备课、上课、作业这几个环节之后,如果一个教师还不能比较清晰地了解全体学生在掌握知识和技能等方面的长短优劣,那么这位教师一定是在上述某些环节上出了问题。如果上述诸环节的质量是得到保证的,那么下一个重要的教学环节便是辅导了。所谓辅导,从广义来讲就是因材施教,其目的是全面发展与个性发展的统一,让每一个学生在原有基础上充分地发展个性特长;从狭义上讲,是抓两头,即对学有余力的学生和学习困难的学生有针对性地实施教学对策,使之在不同的水平层次上获得发展与进步。因此,我认为,对教师而言,进行辅导的基本要求有两点。(1)对于优秀学生,应按照学生本人的兴趣与志愿,在教学要求上适当地拓宽加深,以充分发挥其学习优势,发展其个性特长。这里所谓适当,就是不要造成学生过重的课业负担;所谓志愿,就是反对强迫。对一般学生,教师要注意发现他们的爱好和兴趣,创造条件发展其个性。(2)对学习困难学生,教师要予以特别关照,并注意以下几个方面:从感情上讲要爱护他们,要一视同仁,甚至要偏爱他们;从学习心理上讲要提高对他们的学业期望,要知道,差生之"差",往往与其较低的学业期望有关;从理智上讲,要细致地分析致"差"的原因,从原因着手,采取综合措施,全面关心他们的认知心理、技能操作、学习态度和学习方法等;最后,也是十分重要的是,要及时补习,以免"小洞不补,大洞吃苦"。

第五,关于考试。

这里所讲的考试,是指学校教学管理范围内的期中考试、期末考试、考查以及平时的阶段性测验,等等。考试是一个十分重要的教学环节,是教学质量分析的一个重要手段;通过考试,学生可以自我评价自己的学业状况,知道自己在学习上的薄弱环节;而教师则可以对"教"和"学"进行全面分析与诊断,尤其是在"教"的方面寻找和分析原因,从而为改进教学指明方向。考试命题是有标准的,它就是教学大纲规定的教学要求,也叫教学目标,也就是教学质量的标准,因此考试命题必须严格按照教学大纲规定的质量标准进行。义务教育阶段的考试,主要是通过性的水平考试,完全没有必要搞"正态分布",没有必要出大量的难题、偏题和怪题来考学生。每门学科,教学质量的标准,除了认知领域的基本要求以外,还都含有情意和操作领域的一些要求,单纯用书面考试是难以正确测出情意领域和操作领域教学目标的达成度的,所以我主张探索多种考试方法,用以比较全面、准确地评价学生的学业成绩。考试这个环节质量之高低,主要取决于教师如何命题、如何选择考试方法以及如何评分。对于教师的基本要求有四点。(1)准确命题。这里包括两层意思:一是教师必须自己命题;二是教师命题必须准确。目前,在教学管理上出现两种不正常情况:一是不要求教师自己命题,只信各种"联考""统考",剥夺了教师的命题权;二是喜好难题、偏题和怪题,似乎出的题目越难、越偏、越怪,越是反映命题教师的水平高。这些不良现象当然与升学率指挥棒有关,但重要的是,也与我们一个时期以来教学观念不够端正有关。我认为,我们应该信任教师,把命题权还给教师,应该认识到,要正确、客观地出好考试测验题目,并非轻而易举的事,一定要充分熟悉教学大纲的要求,要深入了解学生的学习基础,全面掌握认知、操作、情意领域的具体要求。这种熟悉、了解、掌握的过程,也就是教师自我提高,业务上逐渐成熟的过程。因此,应该把教师自己命题和准确命题的问题提高到师资队伍建设的高度来加以认识。(2)根据学科内容和教学要求,探索多种考试方法。可以是书面、口头和动手形式的,也可以是写小结、写评语等形式的,努力使多方面的教学要求能通过多种考试方式得到正确评价,改变那种一张试卷定高低的考试评分办法。(3)正确、合理评分,一般地说评分都有标准,但在学校里,这个标准不能像招生考试时那样具体、机械,但应力求科学合理、实事求是。对个别特殊学生,还可以采取比较灵活的评分方法,以鼓励其上进心。(4)做好质量分析,搞好反馈矫正。考试是为教学服务的,某一次考试的结束也是下一阶段教学的开始,教师必须重视考试之后的教学质量分析,全面分析"教"和"学"两方面的长处和短处。教学质量分析要重视"质"的分析,找出学生在掌握、理解和运用知识上的缺陷,不能只搞分数统计;要重视"原因"的分析,无论是考试成绩好还是不好,都要分析"原因",尤其是对大多数学生在知识和能力方面出现的普遍缺陷要从"教"与"学"两方面找出其原因。在寻找原因的基础上,提出下阶段教学改进的意见和办法。一个负责的校长,不仅要对全校各门学科的各种考试在宏观上加以调控,而且要经常检查教师的教学质量分析报告,还要在教学管理上创设一定的条件,鼓励教师把教学质量分析与自己的工作研究、经验小结相结合,使教学工作与教学研究结合起来,激励教师多学习一点理论,多钻研一些问题,这样,教师队伍就能在教学工作中不断地成长和进步。

四

上述课堂教学"五环节"(即备课、上课、作业、辅导和考试),虽然不是教学活动环节的全部,却是教学工作最基本的几个环节,只要这些环节的工作质量得到保证,提高教育质量和办学水平就有了最基本的前提和条件。因此,在学校教学管理中,必须充分重视这些工作环节,应该根据上级领导部门的有关要求和学校发展的实际需要,制订适合本校情况的教学常规。教学常规的内容,既要具体又不繁琐,简明而突出重点;一般要求与学校特色相结合;有针对性又留有充分余地,以便根据新的情况适时予以充实和调整。制订教学常规,必须走群众路线,要发动群众充分讨论,所订条目必须为绝大多数教师认可和接受,最后成文时须经全体教师讨论通过。

订了常规,如果不能落实到人、落到实处,这样的常规就是一纸空文。因此,关键还在于认真执行,这就要求校长在教学管理中注意抓住"反馈调节"这个管理环节。所谓"反馈",也就是我们过去说的了解和掌握师生教学活动的实际情况。我不反对开一些必要的会议,听取汇报,但我认为这些都不是最好的领导方法,我主张领导同志要多到下面去"走走、听听、看看、谈谈",比较细致地检查"教学五环节"的工作质量:多进教室听听课,多看看学生的作业和考试卷子,多翻翻教师的教案和质量分析报告,多与师生交谈。只有这样,校长才能获得对教学工作的发言权。所谓调节，就是根据实际情况，对原有计划、措施作必要的修正、补充，使教学活动既按原定的轨道与目标运行，又能适应已起了变化的客观实际情况。要表扬先进，鞭策后进，把教学常规的执行情况与必要的奖惩相结合。学校领导班子成员自身也应成为执行教学常规的楷模。教学常规能不能内化为全体教师的自觉行为，正确的集体舆论和良好的教学风气能不能形成，关键还在于学校"一班人"的领导作风硬不硬。

领导的作风影响着教师的教风，教师的教风又影响着学生的学风。"作风""教风"和"学风"，形成了学校的"校风"。

1980 年

基本功训练一定要严格

从目前大多数中小学的教学质量来看，学生的"双基"还远没有扎实，要花大力气，抓好基本功训练。做学问一定要提倡三个"严"：严肃的科学态度，严谨的治学方法，严格的基本训练。没有这三个"严"，是做不好学问的，是培养不出人才来的。俗话说"名师出高徒"，而名师往往在治学上非常严格，名师就是"严师"，因此也可以说"严师出高徒"。做学问是如此，教育学生也应如此。

最近，兄弟省市有人来上海听课，在他们听完课之后，我问他们有何感想，我说："你们到过许多地方，听了不少学校的课，这次又听了上海的课，请你对比一下，上海的课质量如何？"因为我与这些同志比较熟悉，所以他们就很爽快地说："从总体上讲，上海教师的讲课水平是不错的。但在课堂教学中发现，学生在上课时有三个问题值得重视：一是有些学生听课时注意力涣散，思想不集中；二是对教师在课堂上提出的学习要求，有些学生表现得可理睬、可不理睬，态度不认真；三是从学生的口头作业和书面作业来看，基本功还不扎实。"这些话虽然肯定了教师的教学水平（他们听的课的确是有一定水平的，但从整体上讲还是有差距的），但指出的三个问题是值得我们深思的。事实上，现在有相当一部分学生基本功不扎实。写的字"龙飞凤舞"，不大看得懂；书面作业缺乏一定的规格，既不整齐，潦潦草草，错别字又多，标点符号乱用；中学生的理、化实验报告，马马虎虎，实验没有做好，实验报告已写好了。总之，基本功训练薄弱，这个基础不打好，教学质量是上不去的，这种坏习惯、坏作风一定要好好地改一改。

我主张，基本功训练要有一定的"格"，就是说要有明确的规格要求。各门学科要根据自己这门学科的特点与教学目标制订出明确的基本功训练的"格"。但是这种"格"要合情合理，要求过高，容易脱离实际，无法做到；要求太多，就失之于繁琐，同样做不到。如果这些要求，多数学生都做不到，这也不合"格"，那也不合"格"，不合"格"的多了，就不得不降"格"以求，降低了要求，就影响了质量。因此，各门学科订的"格"要切合实际，切实可行。最基本的"格"，应该是写字要端正，清楚，不写错别字，句子要通顺；解题要合理，运算要正确；作图要讲究比例；物理、化学、生物的实验要按规定的操作程序进行，等等。以上的这些"格"做到以后，随着年级的升高，可以逐步提高要求，逐步升"格"。需要指出的是，这里所说的"格"，是专指基本功训练的，在思维训练和发展个性方面，不能采用条条框框的"格"去加以限制。相反，我们在教学上要不断鼓励学生发表自己的思想观点，要有自己的创造性见解，不能囿于教科书上的现成结论，如果对教师的讲解有不同意见也可以发表，在这些方面，我主张是可以"出格"的。

有了"格"，就要严格训练。达·芬奇之所以成为世界上有名的画家，同他老师对他的严格训练是分不开的。达·芬奇开始学画的时候，教师训练他画鸡蛋，要求从不同角度画出不同形状的鸡蛋。他画了很多，有些厌烦，不想再画了。这个时候教师告诉他训练画鸡蛋的道理，就是要训练他眼睛的观察力，训练绘画的技巧，做到看得准，画得熟。达·芬奇懂得了道理，就一遍一遍地反复画，打下了深厚的基本功，后来终于成了有名的画家。这个例子启示我们：抓基本功要从小处着手；抓基本功要严格训练，一次不行，两次，两次不行，三次，必须反复操练，持之以恒；抓基本功要讲清道理，只有懂得了基本功训练的重要性，才能使训练成为自觉的行为。我想，对学生学习方面的基本功训练，也是同样的道理，也应符合这三个要求。

"严"是严在训练的规格上，就是说一定要符合规定。在这个问题上，是不能迁就，不能马虎的。如果发现学生的作业不合"格"，我主张可以退回去重做，至少对不合"格"的部分要重做。这就体现了"严"。"严"不是板起面孔，不是大声训斥，要对学生讲清道理，要和颜悦色，耐心教育；"严"更不是惩罚，不能动不动就罚抄几十遍，罚写几十遍，用"罚"字来代替"严"字。"罚"字当头，是教育无能的一种表现。

基本功的训练，要符合循序渐进的原则。循序渐进是教学工作的一条基本原则、基本规律，它同样也是基本功训练的一条原则和规律。现在各门学科在教学要求方面都有自己的"序",学科不同,"序"也不同。这个"序",各科教学大纲中都作了规定,就是各学科的分年级教学要求,规定某年级应达到什么要求,年级升高,要求也相应提高。可惜,现在这个"序"有点乱。从小学到初中,从初中到高中,在这个"序"上都有"欠债"。应该在小学阶段解决的问题,没有解决,带到了初中,由初中去"还"小学的"债";应该在初中解决的问题,没有解决,带到了高中,当然也有带到大学的。平时对基本功没有抓好,到毕业班采用突击补课、猜题、押题的办法,应付升学考试,虽然考分是高了,达到了录取分数线,进了初中或高中,但基本功方面的缺陷也带了进来,需要"还债"。由于要"还债",所以在原来的分年级要求上增添了"还债"的内容,加重了教学的负担。再加上由于没有端正教育思想,片面追求升学率,有的还"超纲",就是超出教学大纲的分年级要求,造成了"夹生饭"里又有"夹生饭"。既没有抓好基本功,也没有落实分年级要求,严重影响了教学质量,造成了两极分化,带来了教学工作的复杂性。"欠债"也好,"超纲"也好,说到底都是违反循序渐进原则的。基本功训练,一定要一步一个脚印,扎扎实实地进行。有一位小学低年级语文教师,在教学生写字的时候,只要求小学生,每个字写四遍,但一定要认认真真,仔仔细细地写,结果,小学生的字,个个都写得很好。这种负担不重,效果又好的做法,值得大大地提倡。针对当前"欠债"的情况,我认为"还债"是主要的,千万不能再去"超纲"了。小学阶段要力争不"欠债",把"读、写、算"方面的基本功抓好,从起点班抓起。"还债"的任务,重点放在初中阶段,初中阶段把小学的"债"还清了,又不欠"新债",高中阶段的质量就有了一定的保证。而初中阶段要做到不欠"新债",一定要从初一抓起,把主要力量放在毕业班而忽视起始年级的做法,是本末倒置,会造成恶性循环。

另外,在基础训练和综合训练的问题上,也有一个循序渐进的问题,基础训练不搞好,急于综合训练,是不符合循序渐进规律的,甚至会适得其反,造成"夹生饭"。没有基础训练的功夫,就不可能有综合训练的能力,没有字、词、句的基本功夫,就写不好作文,没有四则运算的单项训练,就无法进行综合运算,因此一定要把基础训练抓好。但同时也应该认识到,综合训练是有利于巩固基础训练的,也是发展学生思维的一种手段,适时、适量地进行一些综合训练是有好处的,问题是要掌握一个"度"。在这个问题上,希望大家去摸索,得出一些经验。

在基本功训练方面,还有一个"必要的反复"问题值得重视。学习总要记忆,要记忆总是要与遗忘作斗争,这是一条规律。据说要记住一个外语单词,这个单词要反复出现六七次,才能记得牢。我们不能期望,教了一遍,学生就学会了,记牢了。"过目不忘"只是个别天才能够做到的,对绝大多数人来说,是办不到的。有经验的教师在安排一个学期的授课计划时,总要安排相当次数的单元复习时间;在教授新知识时,总要适当联系有关的旧知识,善于从学生的"已知"出发去探索"未知"。他们这样做的根据,就是懂得了"必要的反复"这条规律。学习知识是这样,掌握技能、技巧,进行基本功训练也同样如此。学生在读、写、算的基本功训练方面,有一个"懂—会—熟—巧"的过程,在这个过程中,难免有反复,对此不必大惊小怪,只要坚持训练,持之以恒,就会见效果,就能从不会到会,从不熟练到熟练,到熟能生巧,所谓严格训练,就是这个意思。因此,严格训练与允许反复并不对立,学习中有反复,这是允许的,正因为有反复,所以训练一定要严格,一定要坚持不懈,只有坚持不懈地训练,才能减少反复,最终习惯成自然。

基本功的训练,还有一个承认差异、区别对待的问题。学生之间在学习上的差异是客观存在的,教学工作做得再好,只能使差距缩小,无法消灭差距,在基本功训练方面也是这样。缩小学生之间的差距(这里所说学生之间的差距,不是指重点学校与一般学校之间,而是指同一所学校,同一个班级学生之间的差距)最根本的一条经验是:分析原因,区别对待,对症下药。造成学习上差异的原因是多方面的:有的是由于学习态度不端正,读书不用功,作业不认真造成的;有的是由于学习方法不对,由不良的学习习惯造成的;也有的是由于原有学习基础太差,虽然用心学习,但一时跟不上,等等。针对不同的情况,应采用区别对待,对症下药,"一把钥匙开一把锁"的办法来解决。可以在课堂教学时,采用"面向中间,兼顾两头"的办法,以中间程度的学生为依据,确定教学要求,使学习基础好的学生不至于"吃不饱",学习基础差的学生也不至于"吃不了"。可以根据学生的不同程度,分别布置不同要求的课外作业,并且在批改作业时区别对待,如对基础差的学生,批改作业详细一点。也可以在课外给基础差的学生适当补课。还可以发动班级里学习好的学生帮助学习差的学生,开展"一帮一""互帮互学"活动。总之,要从实际出发,区别对待。在这个问题上,我相信只要坚持区别对待的原则,认真对待，反复训练，差距一定会缩小。

有一段时间，对"双基"产生了一些片面的认识，降低了"双基"在提高教育质量上的地位和作用，因此在一定程度上放松了基本功的训练。地基没打好，房子是盖不高的。同样的道理，在学习上基础没有打好，也是无法进一步深造的。至于中小学生基础知识该学到什么样的广度、深度，基本技能该掌握到什么程度，这是今后研究课程、教材改革时，需要考虑的问题，这里就暂时不讨论了。但是，为了提高教育质量，为了清除"文革"期间留下来的"后遗症"，狠狠地抓一抓基本功训练，是十分必要的。

1980 年

教学工作要十分重视培养能力和发展智力

传统观念认为"学校是传授知识的场所",很少谈到发展智力。赞可夫虽然讲到发展问题,并作了试验,但主要的是在小学方面,因此培养能力、发展智力是一个新的课题。不少国家很重视这方面的研究,在我国也开始重视这个问题。由于实践的时间还很短,谈不上什么经验,但大家一致感到,这个问题已到了非解决不可的时候。不解决这个问题,教育质量不可能很快提高,也不可能多出、快出人才。

各科教学大纲中对能力的培养都有具体的规定,这里有智力上的要求,也有技能上的要求。例如语文、外语的阅读和表达能力(包括口头和书面两个方面);数学提出了三个能力,就是运算能力、思维能力、空间想象能力;理、化、生除了上面这三个能力之外还有实验能力;政治、历史、地理都有运用基本观点分析、解释实际问题的能力;史、地学科还有读图、用图、绘图等能力;体、美、音,既有形象思维能力,也有不少技术性的能力。我们评价一个学生的质量高低,往往也是以能力的强弱来衡量的,如以阅读与写作能力的高低来衡量语文水平的高低;以解题能力的强弱来衡量数学水平的高低。因此贯彻各科教学大纲,就是要抓好能力的培养,就是要有意识地发展智力。智力的发展能促进知识的积累和技能的掌握,有利于发展学生的聪明才智,有利于出人才。可见,发展智力特别重要。

什么是智力?据有些心理学教科书上说,智力一般包括五个方面内容,即观察力、思维力、想象力、注意力、记忆力。下面就观察、思维、想象三个方面说些个人的看法。

观察力——这是认识客观事物的基本能力,人们要表达一件事物就得认真地观察这件事物,观察得愈细,就刻画得愈具体;观察得愈透,就刻画得愈深刻。学生要学好语文,写好作文,就得培养他们观察事物的能力。自然科学要搞科学实验,就得对实验的现象、进程、结果进行详详细细的观察。巴甫洛夫实验室门口就写上了"观察、观察、再观察"几个大字。达尔文认为自己没有突出的理解力和智慧,但是他认为自己的观察能力是超过了许多人的。伟大的科学家都是非常重视观察的,所谓"处处留心皆学问"。因此,不论文科还是理科,都要培养和发展学生的观察力。观察是思维的窗口。培养学生观察能力,就能启发学生的求知欲望,就会引起学生的思考,就会提出更多的"为什么"。而现在我们不少学生不会作深入细致的观察,常常"视而不见"。如写文章所以会"干巴巴"的,虽然有词汇量不多的问题,但与是否仔细观察也有关系。有的学生作实验,不仔细观察,而是照抄书上结论,画烧杯像只"柏油桶",画烧瓶不是颈口太长,就是颈口太短,没有一定的比例,甚至实验没有做好,报告已经写好。据说学习困难学生的特点之一,就是观察力差。因此,一定要从小培养观察事物的能力。

思维力——这是发展智力的核心问题。如果说观察力是直接认识事物的能力,那么思维力就是间接地概括地认识事物的能力,它需要有抽象思维的能力和高度概括的本领。一般地说,思维力包括分析、综合、抽象、概括、判断、推理等几个方面的能力。观察只能认识事物的表面现象,思维能由表及里,通过现象看到事物的本质,能由此及彼,举一反三,触类旁通。人类之所以被誉为"万物之灵",就是由于具备了这种思维能力,这是人类特有的精神活动,是区别于动物的主要标志。教育是未来的事业,办教育的目的,就是要使我们的下一代,一代比一代聪明起来。要使下一代变得聪明起来,就要从小发展他们的思维力。我们的脑子还没有充分发挥它的作用,潜力还很大。提倡"启发式",就是要让学生多思考,多想问题,充分使用自己的脑子,脑子是越使用越灵活的。目前课堂教学比较机械、呆板,有些"启发式"也只是简单的一问一答的问答式,不需要多动脑子。有的学生批评我们的教学工作是"记忆力用得太多,思维力用得太少","学得太死,不够灵活","背功有余,灵活不足"。这些批评是有道理的,说得严重一点,这种教学方法是压抑了,甚至扼杀了学生的聪明才智。

想象力——爱因斯坦曾经说过:想象力比知识更重要,因为想象力是知识的源泉。一切创造性的劳动都是从创造性的想象开始的。有了一个科学的想象,才能在实践中做出创造性的工作。因此,科学的想象力是推动世界进步的一种力量。其实,青少年学生是喜欢想象的,问题是我们要很好地引导。有一次,我到实验小学看小朋友画画,其中一个小朋友画面上弄了不少墨。我问他,弄这么多墨干啥。他说,我想象自己在海洋深处,遇到一条乌贼鱼,它向我挑战,向我喷黑色液体。我仔细一看倒确实有点像,水上还有一艘大轮船,水中还有鲸鱼、鲨鱼等。这个学生的想象力是很丰富的。

具备了善于观察、善于思考、富于想象这三个能力,就可以做到从原来认为没有问题的地方去发现问题。因为一切知识的发展都是在以前认为没有问题的地方发现了问题。瓦特从司空见惯的水煮沸时的茶壶盖的跳动,发现了蒸汽机原理;巴斯德从牛奶变酸的日常生活现象中发现了微生物;马克思从简单的商品中发现了剩余价值,揭露了资本主义制度的本质。具备了这三个能力,就能迸发出创造性的思想火花,这是优秀人才必需的善于发现问题、提出问题和解决问题的基本素质。

至于注意力、记忆力的重要性是不难理解的。注意力就是要思想集中,精神集中,而且能坚持较长时间。要做到这一点,需要有体力,更要有意志力,这是需要锻炼的。幼儿注意力集中的时间较短,大约只有 15 分钟。随着年龄的增长,集中的时间也会延长,但对中小学生来说,每节课都能集中注意听,是不很容易的。学习总要记忆,依靠记忆能积累大量的知识。学习语文、外语要记词汇,学习数理化要记概念公式,因此学习是离不开记忆的。我们反对死背硬记,是反对"死"和"硬",不是反对记和背。当然记忆也有方法,要在理解基础上去记忆,要在反复使用过程中去记忆。青少年是记忆力发展旺盛的时期,要充分利用这个阶段锻炼和提高他们的记忆力。

在讨论如何培养能力、发展智力时,还必须弄清楚知识与能力的关系。我认为,知识与能力的关系是相辅相成、密切联系的两个方面。知识是发展能力的基础,能力又是发展知识的必要条件。一个人知识的多少,影响着能力的发展,不能设想一个一无所知的人会有很大的能力。但是,这里所说的知识,是包括前人在实践中创造的,已写在书本上现成的知识,以及在实践经验中积累起来的尚未写进书本中的活知识,而且是系统的知识,不是零星的孤立的知识。如果一个人仅仅熟读一部字典，也是缺乏写作能力，写不好文章的。如果脑子里都是一个个孤立的定理、公式，不了解它们之间的内在联系，也是不可能有综合解题能力的。好比一箱"散装"的零件，配不成一部机器，当然谈不上产生功率。因此，要培养学生的能力，就得既给学生现成的带有规律性的系统的知识，又得让学生参加实践活动，从实践中获得活知识。因此，有经验的教师在教学过程中，善于把知识进行分析、对比、归纳、综合，给学生系统性的知识，从而使学生掌握知识之间的内在规律；善于让学生凭借他们已有的知识，通过分析、推理来掌握新知识，从而培养学生的分析、推理能力；善于让学生适当参加实践活动，积累活知识，从而提高学生综合运用书本知识的能力。师大二附中毕业生应志强同学高考获全国理科总分第一名。问他试卷上的题目做过没有，他说没有看见过。既然他没有做过这类题目，为什么能取得这样好的成绩呢？他认为主要是平时学得比较活，因而能根据学过的知识推导出来。可见，培养学生能力的重要性。从近几年高考命题来看，对能力的要求逐年提高，以 1979 年与 1978 年相比，考查知识的面广了，题目出得活了，形式也新颖了，考查能力的要求也高了，这是为"四化"选拔人才的需要，也是当前教学工作努力的一个方向。我曾经强调要抓好基本功的训练，现在又讲要重视培养能力、发展智力，两者是否矛盾呢？其实基本功训练就是基本的技能、技巧训练，是属于培养能力的范畴。因此，两者是一致的。不能把抓"双基"与发展智力对立起来、割裂开来，应该在传授知识、培养技能的过程中发展学生的智力，发展了智力也就有助于打好"双基"。

这里还有一个值得注意的问题，就是分数与智力的关系。我觉得，不能用一次考分的高低来断定一个学生智力的高低，因为考试往往有一定的偶然性，何况现在有些题目出得太死，完全是靠"背功"得分的。有些学生可能由于某一方面知识上的一时缺乏，分数低了，就不能认为这个学生智力水平低。爱迪生小时候考试不及格，人家都认为他笨，后来成了伟大的发明家。童第周小时候有些学科只考 40 多分，后来也成了有名的生物学家。可见，我们不能因一时的分数高低而埋没了人才。

要加强能力的培养和智力的发展，就必须在教学环节上进行一系列的改革。

传统的观念认为，教与学就是教师讲，学生听，于是就出现了"满堂灌"。这种教学方法,实际上是把教学的双边活动变成嘴巴与耳朵的双边活动。我想是否可以把教与学理解为"教给学生如何学",说得透彻一点,"教是为了不教","讲是为了不讲"。课内学到的知识毕竟是有限的,而学生的自学能力、独立思考能力是终身受用的。我们不能满足于从知识宝库中一件一件地拿给学生,而应该给学生一把钥匙,让他自己去打开宝库的大门。因此,我的意见是要彻底改变"满堂灌""一讲到底"的教学方法,使教学真正成为师生的双边活动,不要把学生看成是机器人,教师就是安排"程序"。但是教师上课毕竟还是要讲的,所谓"精讲",就是画龙点睛地讲,要"讲其必讲",而且这个"讲"不是给学生"灌"知识,而是给学生一条思路。教师讲课的逻辑性,应该是学生思考问题的示范。目前,对有些教师来讲,做到这一点是有困难的,但是起码的要求至少要讲清楚、讲正确。讲课时不但允许学生提问,还要鼓励学生提问,引导学生提问。

　　练,就是知识转化为技能、技巧的一种手段,是培养能力不可缺少的一个环节。练固然有数量的要求,但也不是多多益善。有位高中物理老教师,三年内总共只给学生做三百道题目,成绩都有很大的提高。可见,问题还在于练的质量。我认为,做两三道质量好的题目,比做七八道随意挑选的题目作用要大。精选题目的重要性就在这里。同时,还应看到,练不仅是知识转化为技能技巧的一种手段,更重要的是训练思维的重要手段。写作训练既是技能技巧的训练,也是构思的训练,观察力的训练。解一道题目,不仅是运算过程的训练,也是逻辑思维的训练。因此,在练的过程中,教师要培养学生的解题思路。有的语文教师重视让学生自己评析写作的构思过程,有的数学教师让学生自己评析解题的思维过程,这些都是很好的做法。

　　理、化、生学科实验的基本技能、技巧应该在初中打好,到了高中阶段,可以在教师指导下独立实验,并逐步训练自己设计实验。教师可以只给一个实验项目,提出实验要求,让学生自己选用仪器和药品,自己安排实验程序,自己观察、测定,自己写实验报告。

　　现在考试"成灾",师生负担都很重,应该改革一番。命题要求、考试方法、评分办法都可以考虑改革。当前,在命题要求上,要逐步改变只考学生死记硬背的情况。事实上,死记硬背能考 95、100 分的人,在"活"的题目面前不一定会得到好成绩；而学得活的人，有时考死记硬背的题目，也只能取得一个 60 分、70 分。因此，有些分数说明不了多少问题。

　　培养能力，发展智力，固然主要在课内进行，但也不能忽视课外活动的作用。从某种程度上讲，课外活动正是学生锻炼能力、开发智力的极好场所。课外活动隶属于课程的范畴。它的主要特点，是以学生的自主活动为主。学生根据自己的志趣、爱好，自主选择活动项目。对低年级学生来说，需要教师的适当辅导，高年级学生则完全可以不需教师的辅导而独立自主活动。在课外活动中，不论是学科类的兴趣小组或是科技小组，还是艺术类的音乐、舞蹈项目，体育类的各种比赛，都可以使学生扩大知识，增长见识，活跃思维；可以使学生的能力获得锻炼，才干得到发挥。课外活动可以弥补课堂教学的不足，是课堂教学的延伸与发展，是培养能力、发展智力不可缺少的一个重要组成部分。在开展课外活动这个问题上要克服两种倾向：一是认识上不重视，认为它不属于课程，与升学考试无关，不列入课程表，可有可无；二是在开展课外活动中抹杀学生自主活动的特点，依然是教师讲、学生听，使课外活动变成"课堂搬家"。

　　强调培养能力、发展智力是教学工作的一项改革任务，它必然会引起教学观念、课程、教材、教学方法以及考试评价等一系列的改革。这儿我只是出个题目，希望大家在实践中探索、积累经验，在适当的时候，我们再进一步探讨这个问题。

1980 年

与校长谈听课

　　听课,是校长领导学校教学工作的一个基本环节,是校长深入教学第一线,了解和掌握教学动态的一种基本方法,是校长抓好教学质量管理的一项基本功。要当好一名称职的校长,就必须学会听课,善于听课。

　　学校工作以教学为中心,这是因为学校的德育、智育、体育、美育、劳动教育都是以教学的形式进行的;教学活动是学校最主要、最经常和最大量的实践活动。因此,毫无疑问,学校教育管理的中心内容就是教学管理。在班级授课制的情况下,学校的教学活动形式主要是课堂教学,因此在学校教学管理中课堂教学的管理占有十分突出的重要地位。

　　校长对全校的教学情况都可以从课堂里获得第一手资料。如学校的办学目标是否得到贯彻,教育改革的项目进展如何,学校工作计划中提出的重大措施是否在自觉执行,教学常规是否落实,这些都能在课堂教学活动中清晰而集中地得到体现。又如各科教学活动的基本情况怎样,学生的学习积极性如何,学生的学习习惯和学习方法怎样等情况也可以从课堂教学中反映出来。再如全校教师的业务素质如何,教学水平比较高、教学质量比较稳定、深受学生欢迎的教师的成功经验是什么,教学水平和教学质量相对较低的教师的主要问题在哪里,这类问题亦可以从他们的课堂教学中找到答案。可见,在相当大的程度上,课堂教学活动是学校教学质量的"晴雨表"。一个校长,要想真正获得对教学工作的发言权和领导权,就一定要花较多的时间,走进课堂,融入到师生的教学活动中去。

　　当然,检查教师的教案或是备课笔记,也是了解课堂教学情况的一种方法。可能有人认为这样做效率更高,一个半天最多听四节课,而一个半天可以查阅十多位教师,甚至更多教师的教案,不是"多快好省"吗? 我认为,只凭查阅教师的教案,难以做到全面、准确地了解和掌握课堂教学的情况。教案可以反映部分的情况,但反映不出课堂教学的真实情况;反映不出学生在教师指导下的活动情况;反映不出教师在课堂上临时处理教学中突发事件的教学艺术;更反映不出师生之间的情感交流。而这些问题,正是课堂教学中非常宝贵的"活材料",是判断教师教学水平和教学艺术的有力依据,也是影响课堂教学质量的重要因素。我过去曾碰到过这样的例子。有一位语文教师,教案写得面面俱到,红笔,蓝笔,圈圈点点不少,十分详尽,然而课堂教学却是很平淡,学生反映"上课没劲"。而另一位同年级的语文教师,教案写得很简略,几条提纲表示了教学要点和教学方法,但课堂教学却生动活泼,学生思维积极,效果很好。因此,单凭教案难以判断课堂教学实际效果,也难以准确发现教学中存在的倾向性问题。教师上课当然要写好教案,对撰写教案的要求,新老教师可以有所区别,新教师的教案应该详尽一点。我不是说校长不需查阅教案,校长查阅教案可以督促教师认真备课,这是必要的。但是,校长能不能亲自去听课,能不能做到经常去听课,能不能亲自参与师生的教学活动,是校长对教学工作的领导作风是否"扎实",是否"过硬"的一种具体表现。

校长听课要有明确的目的。现在,不少学校都规定了校长、教导主任的"听课指标",这是一种督促,是好事。但校长听课,不能仅仅是为了完成"听课指标",如果仅仅是为了完成"指标",这种听课是毫无意思的,甚至是一种"负担",是"浪费时间"。校长听课的主要目的应该是,了解和掌握教学动态,发现和研究教学中存在的问题,总结成功的经验,帮助有困难的教师,等等。总之,校长听课是获得领导教学工作主动权的有效方法。

根据不同的听课目的,可以有不同的听课方法。根据我个人的经验,大致上可以归纳为以下几种目的及方法。

1. 了解和检查教学情况

检查是管理过程的一个环节,也是一种领导行为。从信息论角度讲,检查也就是信息反馈。没有检查,不了解下情,也就谈不上领导。学校教学管理中的检查,从范围上讲,可以是面上的,也可以是点上的;可以是整体的,也可以是局部的。从时间上看,可以是集中的,也可以是分散的;可以是定期的,也可以是不定期的。检查的主要方法,就是领导听课。有一种做法值得介绍,就是在开学后的两三周内,把学校领导班子成员组织起来,按年级或学科适当分工(覆盖面尽可能大一点),深入到课堂去听课。这种听课的目的,主要是检查学校制订的新学期的教改措施是否在各科的课堂教学中落实。每人每天尽可能多听几节课,听课时做好记录,听课以后,领导班子全体成员集中起来,汇总情况,分析问题,哪些方面做得较好,哪些方面做得较差,有哪些个别突出的典型。然后,由校长主持会议,向全体教师作听课后的情况反馈报告。对做得好的进行表扬,对共同存在的问题,要分析原因,如果是属于原计划要求过高,或措施不具体,就修改原计划;如果是属于教师思想上不明确,或重视程度不够,就再次强化。这种听课方法,由于目的性比较强,对落实教改措施有好处,效果都比较好。除了这种听课方法之外,领导班子还应随时随地听课,经常交换各人听课后的情况。领导听课一定要把看到的问题,及时反馈给教师。反馈的方式,可以是个别交换意见,可以是在教研组或年级组内讲,也可以在全体教师大会上讲。总之,领导听了课以后,一定要把意见讲出来,反馈给教师。千万不能听了以后不发表意见,自己算是完成了听课指标,但对学校教学改革没有好处,对教师也没有帮助。

当然,要了解和检查课堂教学工作的情况,除了听课之外,还可以召开座谈会听取工作汇报,抽查教案,查阅学生作业和考卷,参加教研组、年级组活动等,但最主要的、最根本的办法还是听课。

2. 研究和探讨教改课题

教学工作中可以研究和探讨的课题很多,一位事业心较强的校长,总要选择一个或几个课题亲自进行研究和探索。这种课题可以是本校教学工作中普遍存在的问题,或是某一门学科长期存在的问题。无论哪一类课题,校长都应与教师一起研究探讨。校长可以是课题的负责人,也可以不是负责人而是参与研究。为了研究工作的需要,必须深入课堂听课。如要研究如何提高学生的思维能力,就得深入到课堂去观察和了解教师是怎样启发学生思维的;如要研究语文学科是怎样提高学生的写作能力,就要到课堂去研究学生是怎样写作的,教师是怎样指导的。这种听课一定要有持续性,最低限度是连续听一个单元或一整章,也可持续听几个星期。这就要求校长合理地安排自己的工作与会议,并认真地做好听课记录。这是要求比较高的一种听课方式,如果校长能够这样去听课,就可以称得上已深入到学科领域去领导教学工作的一位好校长了。

3.发现和总结教师的教学经验

现在,不少有教学经验的教师,不会总结自己的教学经验。因此,既不能使经验得到推广,也不能发现其中不完善之处。要把教师的好经验总结出来,调查研究是必不可少的。调查研究,掌握第一手资料的一个主要方法就是听课,不间断地长期听课。我曾碰到这样一件事情。60 年代初,我在学校里当校长,有一位姓章的高中数学老教师,教学效果一直很好,无论他接手教哪一个班级,无论这个班级原来的数学基础如何,经过他一到两个学期的教学,数学成绩就会提高,学生也反映对数学课有兴趣,而且作业负担不重,临考前,照常打球,看电影。我曾不止一次与这位教师交换过意见,让他介绍介绍自己的经验,他总是说:我一直是这样教的,有没有经验,自己也不知道。那时,在学校里,我是分工联系数学教研组的,这位章老师又是数学组的组长,找不到别人帮助他总结经验,于是我只能硬着头皮去总结他的经验。我从听课着手,连续听了他几个单元的课,时间跨度约一个多月。这期间,我尽可能不参加有些会议与活动,挤时间,坚持听课。通过听课,我发现他讲数学概念特别清晰,能抓住难点,在难点的地方讲得特别详尽。他能预见到学生在运算时可能发生的错误,在讲解时反复提醒。此外,他在布置作业时有一个很大特点,他不是按教科书上的习题顺序布置作业,也不是完全照书上的题目布置作业,而是有选择地布置作业。例如,从书上的练习题中找几题,又从书上的复习题中找几题,再从书上的总复习题中找几题,有时自己还补充几题。每次布置的作业题目不多,学生负担不重,而效果很好。我问他为什么这样有选择地布置作业,他从自己办公桌抽屉中拿出一大堆练习簿给我看。原来他每当接受教学任务时,总是利用暑期或寒假,在家中将教科书上所有的题目都做一遍,凡是题目有几个解法的都一一解出来,因此对每一道题目的作用心里清清楚楚。对某项内容,做哪些题目效果最好,最能巩固所学到的知识,他在自己的书上作了记号,因此就出现了有选择地布置作业的做法。我听了很感动,也很受启发,我敬佩他的高度负责的精神,赞赏他的创造性做法。于是,我在学校里借此大做文章,我把他所有的练习簿,连同教案(他的教案也写得很好)在校内展览出来,我还召开教师大会,亲自介绍他的经验,并组织教师学习讨论。这件事,对学校教学工作推动很大。因此,我认为,学校领导深入课堂听课,是发现经验、总结经验的一个好办法。当然,这种听课要有一定的系统性,要辅之以别的手段,如与学生座谈,听取学生的反映等,使所发现的经验准确、可靠,有推广价值。

4. 帮助青年教师

学校里总会有一些刚从师范院校毕业的新教师,他们虽然在师范院校毕业前,有过几周的毕业实习,上过几节课,但作为一名正式教师,在一个陌生环境里一星期上十几节课,心理上、工作上的压力都是很大的。这个时候,他们迫切希望领导和老教师给予热情的关怀和具体的帮助。一般地说,许多学校都已注意到这一点,尽量创造条件让他们与老教师教同一个年级的课,在安排课程表时,让老教师领先一节课,以便青年教师先听老教师上的课,然后再上自己班级的课。这样做,对青年教师是一种帮助。帮助青年教师,使其尽快成熟起来,是师资队伍建设的一项重要任务。因此,学校领导也应尽快了解青年教师的教学情况,以便制订具体的培养计划。为此,就要亲自多听听青年教师的课。听青年教师的课,要讲究一点听课艺术。青年教师刚走上工作岗位,刚走进教室,心理上本来已经够紧张的,这个时候,如果校长突然出现在面前,来听课,很可能会增添紧张情绪,可能会在课堂上失态,使本来可以上得好的课,也会上不好。因此,我不主张开学初期校长马上就去听青年教师的课。最好让教同一教材的教师,或是教研组长先去听,校长再从他们那里了解一点概况,基本上有一个粗略的印象,然后再找机会去听课。听课前一两天,与青年教师打个招呼,让他在精神上有个准备,同时也可以使他有比较多的时间把课备好。顺便说一下,我不主张校长听课之前与教师打招呼,在征得同意后去听课。校长应随时随地进教室听课,事前不必通知教师,我把这种课叫作"家常课"。这样做,可以使教师感到似乎天天有人来听课,天天在上公开课,校长也能了解更多的真实情况,这对提高课堂教学质量有好处。校长听课后,要马上与青年教师交换意见,交换意见的时间要充裕一点,这是校长与青年教师谈心的一次好机会,不宜草草结束。交换意见时,态度要热情、诚恳,要充分肯定他们讲课中的优点与长处,尽量找出他们身上的教学潜力,找出教学上的"发光点"。对不足之处,也要诚恳指出,但不宜讲一大串不足之处,使青年教师失去信心。同时,可以提些改进意见,这些意见愈具体愈好,使他们感到校长听课,是对自己的具体帮助，从而树立起工作的信心。为了达到这种目的，校长在听课前应作好一定的准备，包括熟悉教材，熟悉习题，了解教学上的注意事项等，这样校长提出的意见就会是中肯的，恰到好处的，切实可行的。

除了上述的几种听课目的和听课方式之外，还有别的目的和方式，这里就不一一叙述了。但有一种听课方式，对深入了解教学情况，特别是听取学生对教师的反映，了解学生在课堂里的学习活动很有帮助。这就是深入到一个班级，连续听半天或一天的课，在这半天或一天内，不论什么学科的课都听。课间休息时，在课堂里与学生一起聊聊，或仔细观察学生在课间休息时的活动情况。开始时，学生可能与你有距离感，不敢接近，不愿与你谈话，但只要你不摆架子，态度随和，一两节课之后，就会有一部分学生与你接近。那时，你可以听到平时听不到的许多话，可以听到学生对学校的许多意见，学生对班主任、任课老师的教学态度、工作态度、讲课质量的评价。这些情况，校长平时是不大容易听到的，即使在学生座谈会上听到的也没有这么具体、生动。这样做，对了解和改进学校工作是大有好处的。我曾不止一次到班级呆半天或一天，了解到许多情况，亲自观察到学生利用课间几分钟的休息时间，分秒必争地赶做作业的紧张情况。

最后再强调一下，校长听了课以后，一定要作听课分析报告。可以向全体教师讲，也可以向有关教师讲，最好一学期能有一到两次的听课分析报告。听课分析报告中要肯定正确的做法，表扬有创造性的改革措施，指出带有普遍性的、倾向性的不良做法，提出进一步改进课堂教学的意见。如果在报告中有典型例子，有理论分析，且观点鲜明，态度诚恳，我相信一定会受到教师的欢迎。这种听课分析报告搞得好，就相当于一个学术报告，相当于教学论的专题报告。如果能长期坚持这样做，对学校的教学工作，一定大有好处。如果听课以后不与教师个别交换意见，不作分析报告，或在交换意见时只是简单地说"蛮好、蛮好"，"不错、不错"一类的客套话，我认为这是不行的，说得严重一点，这是不负责任，没有起到领导的作用。对校长来说，作听课分析报告是一件难事。任何一位校长，不可能对每一门学科的教学都很熟悉，都能发表中肯的意见。但校长负有领导全校教学工作的责任，不能不去了解它，熟悉它，不能没有发言权。这就要求自己下功夫去了解、熟悉。办法不外乎两条：一是向书本学习，学习各科教学大纲，了解各科教学经验；二是向行家学习，向教这门学科的教师讨教，"先当学生再做教师"。只要抱着虚心学习，不懂就问的态度，一定会熟悉起来，一定会取得发言权。提倡校长作听课分析报告，就是要求校长钻到学科领域里去，钻研教学理论，当一名教学论专家。

1982 年

搞教学管理首先要端正教学观念

办好学校,首要的问题是端正办学思想,否则,学校的办学方向就会出偏差。同样,管理学校的教学工作,也要受办学思想的影响。办学思想出偏差,教学工作就失去了正确方向。但教学工作还有一个教学观念问题,教学观念模糊,教学工作也会出现偏差。

教学工作,不论是大概念的教学,还是仅仅指课堂教学,都有它的双重性。这双重性就是科学性与艺术性。所谓科学性,就是教学工作要遵循科学规律,诸如学校的课程设置、教学大纲、教材、教学方法、考试评分等一系列问题,都得遵循教学方针和培养目标,符合教学原则和教学规律。教师的教要符合学生的认识规律和身心发展规律;学生的学,包括思想品德的形成,知识、能力的积累和提高,甚至其情感的发展与变化,都是有规律的,违反规律,就要受到惩罚。所谓艺术性,就是教学活动,无论是教师的教或学生的学,都充满着创造性。教学活动是一个"人—人"系统。教育对象是人,人是有思想,有感情的,而这些思想感情又是在不断变化着的。教学活动中包含着师生之间的思想情感交流,而人与人之间的思想情感交流是不能用公式来代替的,因而教师的教学工作必须机动灵活,不能机械呆板。由于每个教师的科学文化素养不一样,对教育方针、培养目标的理解认识不同,再加上各人的个性、特长不一样,就造成教学风格的不同。我们不能用一种模式来要求教师的教学工作。因此,教学活动是时时处处充满着教师和学生的主动性和创造性,是一项艺术性很强的活动。

由于教学活动的这种双重性的特点,教学管理也就带有两重性。从科学性的要求出发,学校的教学工作一定要有一套共同遵循的规章制度,这是一种约束,目的是使教学活动符合科学性的原则。这种规章制度,除了上级教育行政部门颁发的以外,各校可根据自己学校的需要,作一些补充规定,但必须简明扼要,切忌形式繁琐。从艺术性的要求出发,要积极鼓励教师创造性地教,要尊重教师的教学风格;也要鼓励学生创造性地学习,调动学生的学习积极性。为了在教学管理上把科学性和艺术性统一起来,学校领导既要用一套规章制度来约束,也就是平时所说的常规管理,又要不拘一格,发挥每个教师的创造性,发挥每个教师的教学风格。教学管理的艺术性必须以科学性为基础和前提;教学管理的科学性又必须用艺术性来加以保证并产生实效。这是教学管理的要领,也是体现领导水平和领导艺术的重要标志。

评价一名校长,或是一名教师的教育思想是否正确,主要不是看他能否说出党的教育方针、培养目标,而是看他在日常教学活动中反映出来的教学观念是否清楚、正确。目前,下列几个观念问题、认识问题,似乎有澄清与端正的必要。

一、对"五育"的认识

德、智、体、美、劳五育,是党的教育方针的主要内容。它们各自的任务是什么,相互之间是怎样的关系,怎样才算全面发展,对这些问题是否认识清楚,都涉及学校工作、教学工作能否有效地贯彻党的教育方针的大问题。"五育"是一个有机整体,它们之间存在着一种"你中有我,我中有你"的密切联系。在实际教学工作中,它们是相互依存、相互渗透的。以智育和德育为例,智育的任务,除了传授科学文化知识、培养能力、发展智力之外,还有进行科学世界观教育,树立辩证唯物主义和历史唯物主义观的任务,而后者也是德育的一项任务。德育的任务是教育学生树立正确的政治方向,形成科学的世界观、人生观以及高尚的道德情操。为此,必须对学生传授马列主义观点和必要的社会知识和法律知识,这也是智育的任务。因此,德育和智育是互相渗透的。同样,体、美、劳几育也是密切相关的。因此,"五育"是一个整体,不能机械地将它们分割孤立开来。我们不能认为,语、数、外、史、地、理、化、生等学科的教师管智育,政治教师、班主任管德育,体育教师管体育,音乐、美术教师管美育,劳动技术课教师管劳动教育。若是把"五育"分割开来,教育方针就不能得到贯彻,学校教学工作就会出现偏差。我们要认识到"五育"是一个整体,认识到各育之间是相互渗透的,认识到教师之间虽然有工作上的分工,侧重点有所不同,但都是承担着贯彻教育方针,培养全面发展新人的任务。只有提高了对"五育"的认识,才可能进行各科教学的整体改革,才可能在实际工作中避免以一"育"冲击另一"育",才能使课堂教学与课外活动密切结合,形成一个完整的教学工作体系。

二、对教与学关系的认识

教师的教与学生的学,是教学活动中密不可分的两个方面。教师的教,推动、指导着学生的学;学生的学,有赖于教师的教,也制约着教师的教,它们之间是一种双向互动的关系。以教法和学法为例,教师的教法与学生的学法是相辅相成的,一般地说,教师的教法往往影响着学生的学法。如果教师在教学过程中,善于启发、引导,多设置疑点,多提问,那么就能启发学生去思索问题,教会学生去分析、推理,学生的学法也就比较灵活。如果教师一味地要求学生记书本上现成的结论,采用"灌输式"的教法,那么学生也就只能学会记与背,学法也就比较呆板。因此,教法是指导着学法的。但同时,学法又制约着教法。如果学生原来的学法非常呆板,只会死记硬背,教师教法的改革就不能太快、太大,只能慢慢地、一步一步地启发、引导,循循善诱地改变学生的学法。教师选用何种教法,受到学生原有学法的制约。这就是教法与学法的相互关系。学校的教学管理工作要正确处理好教法与学法的关系,不仅要引导教师注意研究教材和教法,而且要提倡教师多研究学生,研究学生的学法。那种忽视研究学生和学法的倾向,是教学观念不端正的一种表现,也是教学工作脱离学生实际的一种认识根源。

三、对知识、能力、智力的认识

最近,学术界、教育界对这方面有许多议论,发表了许多很好的意见。在实际工作中,中小学也都开始重视发展学生的智力,培养学生的能力,教学工作有了一定的改进。但对知识、能力、智力三者的关系,在认识上未能统一。在实际教学工作中,重知识传授,轻能力培养,忽视智力发展的情况,在一定程度上还比较普遍。要加强对教学工作的领导与管理,还必须弄清这三者的关系,转变传统的教学观念。

知识是培养能力、发展智力的前题和基础。"无知即无能"。能力的培养,智力的发展,都必须依托于知识的积累和扩大。知识愈扎实、愈丰富,思维就愈活跃,智力就愈发展,能力也就愈强。但是,知识又不可能自然而然地转化为能力,知识要转化为能力,必须有一个"中介环节",这个"中介环节"就是"练"。这个"练",包括具有一定技能、技巧操练性质的"练",也包括思维训练性质的"练"。因此,要在传授知识过程中有意识地培养能力和发展智力,就必须精心设计学生的练习,包括在课内向学生提问的问题和课外供学生练习的作业。

从另一方面说,提高了能力,发展了智力,就可以做到在更广的范围内和更深的程度上,获得更丰富的知识。我们应该认识到,一个学生在学校里从教科书上获得的知识,是十分有限的,如果学生能在学校里提高自身的学习能力和思维能力,对今后的进一步学习,将有极大的好处。从这个意义上讲,培养能力,发展智力比单纯学到一点书本知识更重要。可见,弄清楚知识、能力、智力这三者的关系,把握住知识转化为能力的"中介环节",是有效提高教学质量的一个核心问题。可惜,现在有些地方,只重视知识的传授(当然这也是十分重要的),忽视了对学生能力和智力的培养和发展,只重视教师讲课时是否讲清概念,是否抓住重点(当然,这也很重要),而忽视了教师如何设计提问和如何选择课外作业。这不能不说是教学管理上的一种缺陷。

四、对考试的认识

考试(我这里讲的是学校范围内的测验、考试,不包括市、区县命题的招生考试和统考、统测),是课堂教学中的一个环节,它服务于教学,也服从于教学,是一种教学手段,而不是教学目的。这种考试基本上有两种功能:一是激励功能,包括激发学生努力学习和激发教师改进教学;二是评定功能,评定学生学习成绩的优劣,以决定升留级,同时也是评定教师的教学效果,作为教师奖励的参考。至于招生考试,则是一种选拔性考试,具有选拔功能,为了高一级学校录取新生。目前这种招生考试对学校教学工作起着"指挥棒"的作用,其利弊得失究竟如何、怎样改革,是一个大问题。这里暂且不谈。统测、统考我是不赞成的,这里也不去讨论。可是,上面所说的学校范围内考试的这两种功能,目前在一部分学校里有偏差。

以考试的激励功能来说,往往偏重于对学生的激励,忽视了对教师的激励;以考试的评定功能来说,只着眼于评定学生的学业成绩,满足于分数的统计和排队,而忽视了对教师教学质量的评定。如何激励和评定教师的教,正确的做法,应该通过考试认真地抓好考试质量分析,从学生在考试中的失误,从学生在考试中暴露出来的在知识、能力上的薄弱环节,寻找教学上的原因,从而积极地改进教学,即使是"亡羊补牢",也是"未为晚也"。只有这样做,才不至于为考试而考试,把手段和目的的关系理顺了,才能使教学管理不至于变成分数管理。

教学观念涉及的问题很多,以上只是举了些例子,无法一一赘述。造成这些观念上的偏差,原因是多方面的,有传统教学观念的原因,也有教学体制上的原因。只有在思想上重视了教学观念的转变,认真细致地做好思想转化工作,学校教学管理工作才能上一个台阶。

1982 年

漫谈"五育"

德育、智育、体育、美育、劳动教育,这"五育"是党的教育方针的根本点,是学校教育工作的出发点和归宿。它对学校教育工作的各个方面,包括确定教育目标、课程设置、选择教育内容和教育方法、组织教育过程、制订教育规章制度和评价标准等,都起着指导作用,是办学思想的核心。

"五育"是一个有机的整体,"五育"中的每一个虽然各有各的任务,但它们之间有着紧密的联系,是一种相互渗透、相互依存的关系。"五育"是培养全面发展新人的一个教育系统,其中每一个"育"是这个系统中的一个"分支"。好比机器中的一个"部件","部件"若是单独存在,就无法运转,无法生产,只有把"部件"组装起来,成为"整机",才能运转,才能生产。过去,为了研究的方便,常常把"五育"分解开来,研究其中的某一个"育",这样就造成一种误解,认为"五育"是可以割裂开来的,看不到它们之间的内在联系,对教育工作带来了损害。

下面简单地剖析一下每一个"育"的任务,从中可以认识到它们之间存在的关系。

智育的主要任务,可以归纳为四个方面:传授科学文化知识;培养能力(包括技能、技巧训练),发展智力;培养科学的世界观和方法论(历史唯物主义和辩证唯物主义);养成良好的学习习惯和科学的学习方法。这四个任务中,第三个方面是与德育的任务交叉的。我们平时所说的,智育中渗透德育,就是指这两者之间的交叉。过去,往往片面地把智育的任务,简单地看成传授科学文化知识,把智育误解为"知育",因而在实际工作中忽视了智力、能力的培养,忽视了科学世界观的教育和学习习惯、学习方法的培养。

德育的主要任务是,教育学生树立正确的政治方向,形成科学的世界观、人生观、价值观,培养高尚的道德品质和良好的行为习惯三个方面。为了完成这三方面的任务,一定要对学生传授马克思列宁主义和科学社会主义的知识以及必要的社会、法律知识。因此,我们可以这样说,德育中渗透着智育的任务,两者是相互依存的。

体育的主要任务,是提高人的身体素质和运动水平,养成良好的卫生习惯。为了完成这些任务,必然要让学生懂得一点人的身体结构、生理卫生常识,学会一点有关体育运动的技能、技巧,这样,就在体育中渗透着智育的任务。在进行体育运动训练,开展体育竞赛活动的过程中,必然会涉及意志毅力的训练和运动道德的教育,这就又渗透着德育的任务。

美育更是渗透在各育之中,进行音乐、美术的基础知识和基本技能的训练,是与智育结合在一起的,美育要提高对美的鉴别、欣赏能力,提高人的艺术素养,而这种能力和素养的形成,不能仅仅依靠音乐、美术课来完成,必须与其他各方面密切配合,共同作用。真、善、美就是把人们高尚的道德情操,融合到美的境界中去,体育中讲究形体美,就是把体育与美育渗透在一起,可见美育是渗透在各育之中的,不仅仅是音乐、美术课的事。

劳动教育的主要任务,包括劳动观点、劳动习惯的教育,劳动技能、技术的培养以及某些生产劳动知识的学习。这些任务与德育、智育是相互渗透的。并不能简单地认为,教育同生产劳动相结合,就是学校里开设一些劳动技术课,让学生参加一些劳动实践活动。"教育与生产劳动相结合"是教育的根本方针,除了体现在培养劳动者这一教育目标外,还应体现在各门学科的教学和整个教育过程中,在学校工作中,都应渗透、贯穿着劳动观点、生产知识和劳动技能的教育。列宁曾指出,离开了劳动的教育教学和离开了教育教学的劳动,都不能达到现代水平。可见,劳动教育不仅仅是劳动技术课的事。

综上所述,"五育"中每一育虽有各自的任务,但决不是各自孤立、互不联系的。在实际工作中,如果人为地强化或偏废某一方面,都会造成学生的片面发展。教学改革从单科单项改革发展到整体改革,强调各科之间要密切配合,正是以"五育"是一个有机整体这一认识为基础的。

如何抓好"五育",使学生全面和谐地发展,不少学校已经作了有益的探索,基本上有下面几个方面。

首先，要统一认识。学校每一个教师都要认识到"五育"是一个有机整体，都要认识到每一个方面的主要任务，以及它们相互之间的内在联系。特别要认识到，不论是班主任还是担任学科教学的教师，都要自觉地承担起"五育"的任务。不能简单地、孤立地认为语、数、外、理、化、生、史、地等学科的教师是管智育的，政治教师和班主任是管德育的，体育教师是管体育的，音乐、美术教师是管美育的，劳动技术课教师是管劳动教育的。当然，这些学科的教师，应该把自己的本职工作做好。做好本职工作，必然有助于"五育"的实施，但如果相互之间缺乏配合，缺乏一种默契，在实际工作中难免会相互冲突，也难免会相互脱节，"五育"工作也就难以全面、和谐地开展。此外，学校工作千头万绪，上级有些部门有时也常下达突击任务，从而造成在实际工作中，"五育"之间出现顾此失彼的现象，使学校工作失去平衡，教育秩序被打乱，教育规律受到破坏。因此，求得认识上的统一，寻找"五育"之间的内在联系，抓住它们相互渗透的结合点，是"五育"全面和谐发展的一种保证。

其次，要抓好各科教学的整体改革。教学是学校的中心工作，是进行"五育"的主要途径和手段。教学必须改革，但各科教学改革，不宜"单兵独进"，要服从于学校整体改革的要求，不能各自强调自己这门学科的重要性、特殊性；不能相互争时间、抢地盘，以自己的学科来冲击别的学科。各科教学的整体改革要做到相互联系，相互渗透，相互促进，相互沟通。要这样做，就要有一种整体设计，就要统筹规划。因此，学校领导必须学会如何精心规划、精心设计，在实施过程中学会善于协调，善于结合。

在规划学校教学整体改革的时候，还必须处理好课内教学和课外教学的关系，做到相互补充，相互促进。这里所说的课外教学，就是课外活动，课外活动亦是属于课程的范围，它的特点是：(1)以学生自主活动为主，教师只是从旁辅导和指点；(2)学生可以凭个人的兴趣爱好自由参加，不受制约与干涉；(3)没有考试、考查，不计分数，无关升留级。因此，学生参加课外活动自由度比较大，可以在活动中施展自己的才能，有利于发展自己的个性，形成自己的特长。目前，学校在开展课外活动中有两种倾向值得重视：一是错误地认为课外活动不是教学活动，不属于课程范围，思想上不重视，不把课外活动列入课程表，不创造条件保证活动时间、地点和经费,更谈不上列入学校教学改革的整体规划;二是在活动形式上,把课外活动变成课堂教学的延伸,采用"授课形式",以教师为主,学生被动地跟着教师走,抹杀了课外活动以学生为主体的特点。这两种做法,都不利于课外活动的开展。

再次,要改善学校的管理。目前,许多学校存在着"分工即分家"的现象。学校领导班子中,分管学生思想教育的领导,就抓班主任、抓年级组,分管各科教学工作的领导,就抓各科教师、抓教研组,于是分头布置工作,出现教研组只研究课堂教学工作,不管学生思想教育,年级组只研究学生思想工作,不管学生学习的现象。"每人一把号,各吹各的调。"这种单项性的分工与"五育"的整体性产生了矛盾,在实际工作中就不能形成"合力",有时还会产生脱节甚至相互冲突,影响了"五育"的和谐发展。解决这个矛盾,关键在于学校领导班子,要树立起"五育"整体性的思想,在集体研究工作时,要善于找出各项具体工作之间的结合点,统筹安排各项活动,在日常工作过程中,分管领导之间,要及时沟通信息,及时交流情况,使每个领导成员能及时了解全局,并从全局出发,安排自己分管的工作。在整个工作过程中,学校主要领导同志把好舵,协调好各方面的工作,显得特别重要。只有做到观念上的整体性和管理工作上的协调性,才能真正实现实际工作中的"五育"和谐发展。

最后,要建立起学校的评价机制和激励机制。评价和激励是管理过程中的两个重要环节,具有对办学成果的鉴别功能和实际工作的导向功能。评价指标应以"五育"全面和谐发展为主要内容,不应以升学率的百分比为内容。"五育"的发展亦应以原有办学基础为出发点,看是否在原有基础上有进步,有发展。激励要做到精神与物质相结合,强调激励的导向性,防止片面性,达到激励一人带动一群的目的。

"五育"全面和谐发展,是一个内涵十分丰富,又是非常复杂的研究课题。在改革开放、日新月异的年代里,研究和探索这一课题,是时代的需要,是教育发展的需要,亦是我们这一代教育工作者的历史使命。今天提出这个问题,谈些粗浅认识,只是为了抛砖引玉,引来更多同志的深刻见解和有分量的研究成果。

1983 年

各科教学改革宜相互沟通

近几年来,中小学教学改革的势头很好,无论哪一所学校,都有自己的各科教学改革的打算,市和区(县)教研部门的同志,也都深入到学校中去,与学校领导、任课教师一起备课,一起上课,并举行公开课、研究课,相互观摩,相互学习,课后还进行讨论、评议。各门学科教师都强调自己这门学科的重要性,在上公开课之前,反反复复进行试教,动员学生配合,课前预习,准备好如何正确回答提问等。据说,凡是这样搞了以后,这门学科的改革就取得了很好的成绩。在一片叫好声中,我想提出一个问题,如果在一个班级里,各门学科都这样搞,都强调自己这门学科的特殊性和重要性,都要学生配合,要预习,要准备好回答教师的提问,学生受得了吗? 这样做,究竟效果如何? 各门学科之间会不会相互干扰,相互抵消? 由此联想到一个问题:"各学科各自为政搞改革"与"各学科有机配合搞改革",哪一种做法好?

我的基本态度是,在一所学校里,各门学科的教学改革,应该相互沟通、相互配合,不宜各自独立搞改革。这样做的好处有以下几点。

第一,可以使各科教学在传授知识上相互渗透。中小学各门学科的内容,都是属于基础知识的范畴,相互之间有着密切的联系,文史相通,史地相通,数理相通,理化相通。以前,有些学校几门相邻学科由一位教师任教。我自己曾教过初中的代数、几何、三角,教过物理、化学,也教过动物、植物和生理卫生,深切体会到这些学科知识之间是息息相通的,常常可以借用某一学科的某方面知识来讲解另一学科的某一教学内容。这样做,可以使学生把学到的知识相互沟通起来,学会借用某一学科知识来解释另一学科内容的本领,而且课堂教学的讲解时间也可以节省。因此,我一贯提倡教师兼教相邻学科的教学,如小学低年级教师可以"包班",兼教语文、数学。这样做是否办得到,我认为是办得到的。一位师范大学毕业的中学教师，或是中等师范毕业的小学教师，在读书的时候，这些相邻学科都学习过，都有条件承担教学任务。目前可能一下子做不到，主要原因是由于长期以来只管教自己专业的这一门课，对相邻学科生疏了。如果给他们一个准备期，是完全可以做到的。我认为能兼教一门相邻学科是有利于沟通教学内容的，这是一个努力方向。即使目前一时办不到，也可以让教师与教师之间多联络，只有重视各门学科之间的横向联系，做到在教学内容上相互联系，相互渗透，才能有利于学生在学习上的知识迁移，使他们自觉地运用某门学科的知识来更好地学习别的学科，可以学得更活跃，也有利于学生提高学习效率。

第二，可以使各科教学在培养学生学习能力上做到相互促进。培养学生的学习能力，是教学工作的一项重要任务。学生的学习能力有两种：一种是"特殊能力"，这种能力可以由某一学科教学来培养，如语文学科培养写作能力，数学学科培养运算能力，理化学科培养实验能力等；一种是"一般能力"，这种能力不能仅仅由某一门学科教学来培养，需要各门学科共同配合培养，如思维能力、表达能力、阅读能力等。培养表达能力，语文学科应负更多的责任，但其他各门学科都有这项任务，在课堂提问时，如果教师只重视学生回答问题的答案是否正确，而对学生回答问题时是否表达清楚不闻不问，对表达上的缺陷不加以纠正，则学生的表达能力就得不到有效提高。相反，如果各学科教师既重视答案的正确性，又重视学生表达是否流畅，文句是否通顺，能及时纠正表达时的缺陷，那么学生的表达能力一定会得到很大的提高。表达上的缺陷，常常是思维混乱的反映，纠正表达上的缺陷，不能仅仅着眼在表达技巧上，应该从纠正思维混乱着手。另外，我们应该认识到，教师讲课的条理性与逻辑性，对学生思维的影响很大，因此各科教师都要注意自己讲课的条理性和逻辑性。这样做就把表达能力的培养与思维能力的培养统一起来了。长期以来，由于各科教学工作各自为政，对学生的能力培养，有的教师要求严格，有的教师比较宽松，要求不一致，步调不一致，难以达到目的。因此，我主张，对学生能力的培养，各科教师应在年级组内共同研究，提出共同的具体目标，制订共同的实施计划，并在实际教学工作中相互配合，这样，学生的学习能力定会得到很快的提高。

第三，可以促使各科教学在指导学生的学习方法上相互配合。学生的学习方法和学习习惯,也是属于学习能力的范畴。方法是否科学、合理,习惯是否良好,都关系到学习的效率。各门学科有不同的学习方法,如学习语文的方法与学习数学的方法不同,由于各科性质不同而带来的不同学习方法,应由各科教师负责指导。但学习习惯是共同性的,一些基本的学习方法,如怎样听课,怎样做作业,怎样复习等等也是有共同性的,这些共同性的方法和习惯,就需要各科教师共同配合,采取统一的要求,一起指导和督促学生。同前面所说的对学习能力的培养一样,不能有的严,有的松。因为,要养成任何一种良好的习惯,必然要与各种不良的习惯作长期的斗争;要培养一种科学的学习方法,也必然要作出坚持不懈的努力。这些都需要我们在教学过程中反复进行训练,直至养成习惯,成为一种"动力定型"。我认为,对一个学生来讲,在中小学阶段中学到的书本知识是有限的,靠这一点点知识是难以担负起改造社会的责任的,在今后的工作实践中,还需要不断地自觉吸收新知识来充实自己。自学要具备一定的自学能力,这种能力包括良好的学习习惯和科学的学习方法,良好的习惯和方法,需要在中小学阶段培养起来。因此,从某种意义上讲,在中小学阶段养成良好的学习习惯和掌握正确的学习方法,比学知识更重要,因为这是一把终身受用的"金钥匙"。

第四,可以促进各门学科在思想教育上相互协调,形成合力。这里所说的思想教育,具体地说,就是要求各科教师相互配合,培养学生正确的学习态度,形成一种优良的学风。做学问要提倡三个"严"字:严肃的科学态度,严谨的治学方法,严格的基本训练。我认为学生的学习也要提倡这三个"严"字,使之成为学校的一种学风。在整个学习过程中,学生随时会表现出自己的学习态度,如上课是认真听讲、认真思考,还是漫不经心,思想涣散;作业是一丝不苟,独立完成,还是马马虎虎,抄袭别人;对待学习中碰到的困难,是知难而上,认真思考,刻苦钻研,还是知难而退,避重就轻,在困难面前束手无策;对自己在学习上的暂时失败,是灰心丧气,失去信心,还是再接再厉,迎头赶上等。这些表现,我们每一位教师都是了解得清清楚楚的,问题是应该采取什么态度对待。所谓"管教管导""教书育人",就是要求我们每一个教师都要管这些事,人人都做德育工作者。事实上,现在有些教师是管的,而且一管到底;有些教师似管非管,抓抓放放;也有放任自流,不闻不问的。教师之间的要求不一致,步调不统一,就难以形成一股合力,教育效果就差。我认为,学风是受教风影响的,教风严格学风就好,教风松弛学风就不正。凡是校风比较好的学校,往往是教风比较好,有一支具有良好师德的师资队伍,依靠这支队伍,就带出了良好的学风。从某种意义上讲,教育是教师群体对学生群体的熏陶与感染。因此,各科教师一定要相互协调,目标一致,形成一股合力,对学生进行思想教育,在学生中培养良好的学习风气。

第五,可以使各科教师在教学方法上相互借鉴。各门学科有自己的教学方法,教师也因各自的文化素养、个性、特长不一样,各有自己的教学风格。但教学方法毕竟有其共性的一面,所谓"教学有法,教无定法"。"有法"就是指教学要符合规律,"无法"就是指具体的方法可以各有不同。对"有法"的一面,可以相互学习、相互参考,即使是"无法"的一面,也是可以相互借鉴的。何况,教学方法中包含着师生之间的情感交流,这是完全可以相互学习的。有些教学技巧,也可以借用。因此,我主张在学校里,不仅同一学科之间可以交流教学方法,不同学科之间也可以开一些研究课,相互观摩,取长补短,共同提高。

综合上面讲的这些,可见,各科教学如果能做到相互沟通,相互配合,将有利于提高学生的学习能力,有利于改进学生的学习方法,有利于形成良好的学风,也有利于学生综合运用知识。对教师改进教学方法也有促进,有助于提高教学质量。

顺便说一说教研组和年级组的问题。教研组和年级组,是学校里的两个重要业务组织,各有自己的职责任务,都应加强领导,发挥作用。教研组是教学研究的组织,它的主要职能基本上是两个方面:一是讨论并落实学校领导提出的教学改革的要求和措施,开展教育科学研究工作;二是组织本学科教师的在职进修提高,学习教育方针、教育理论和有关教育政策。从目前情况来看,教研组工作应进一步加强。年级组的主要职能之一是加强对学生的政治思想教育。实践证明,年级组在加强对学生的思想教育,统一教师的思想和工作步调方面是起了作用的,但还应该在协调各门学科的教学要求方面,起到更大的作用。因为要各学科相互配合,一定要在年级组内一起讨论、协商,取得工作上的协调,仅在一门学科的教研组内是无法解决这个问题的。

1983 年

考试与分数

有人批评现在的中小学教育是"分数教育",这种意见是否切中时弊,我不想妄加评论。但是,目前中小学确实有一种跟着升学考试指挥棒转,为分数而拼搏的现象,从校长到教师到学生,全都被禁锢在分数的摇篮里,被捆绑在考试的战车上。考什么教什么,怎样考就怎样教,不管是否符合教学大纲的要求,不管是否符合教学规律,猜题押题、题海战术、大运动量训练等应运而生,"贝多芬"(即"背多分"之戏称)教学法也很有市场,教学工作陷入极大的盲目性。这种情况不仅加重了学生的课业负担,也使教师疲于奔命,更使学校教学偏离培养德、智、体、美、劳全面发展人才的教育目标,使本该生动活泼的学校教学工作陷入误区。

考试是学校教学工作的一个环节,它有各种各样的功能,通常人们都注意到它的评定功能,认为通过考试可以检验教学效果,了解学生的学业成绩,评定教与学双方的优劣等第。但考试还具有其他一些功能,如考试有激励功能,能促使学生勤奋学习,经常地、系统地复习功课。要发挥这种功能,就要消除学生对考试的紧张心理,不能把学生作为"敌人"来对待,可以事先告诉学生考试范围与内容,什么时候考,怎么个考法,让学生有较充裕的时间去复习功课。对考试的结果还要作详细的试卷分析,使得学生通过考试可以更牢固地掌握知识,更好地得到能力的锻炼。这种激励功能,同样适用于教师,可以促进教师改进教学。又如考试有诊断功能,好像医生诊病一样,了解病情,然后对症下药把病治好。要发挥这种诊断功能,就要通过考试了解学生知识上的缺陷,能力上的薄弱环节,"对症下药",及时采取措施。也可以了解到某些学生的学习潜力或学习上的特长,以便创造条件,使其进一步发展和提高。这些功能都是积极的,都是着眼于帮助学生健康成长。这些功能常常在一次考试中体现出来,通过一次考试既能评定学生的成绩,又能起到激励、诊断、预测等作用，而且从某种意义上讲，后者的激励、诊断、预测功能更重要，更积极。可惜目前不少地方只看重考试的评定功能，忽视甚至扭曲了其他的功能，把考试作为教师手中的"鞭子"和惩罚的手段，使学生感到紧张和恐惧，造成了他们心理上的巨大负担。至于具有选拔功能的招生考试，它虽不属于学校教学工作范围，但这种考试对学校教学工作起着强有力的"指挥棒"作用，具有显明的导向性，对学校的考试、测验起着举足轻重的影响。若不认真改革，必将不利于学校的教育、教学改革，使学校教学工作走入误区。

考试是教学工作的一个环节，是服从于教学的目的要求的，简单地说，"考"是服从并服务于"教"的。但是，目前有一种不正常现象，是"教"服从于"考"，就是说学校的教学工作服从并服务于上级教育行政部门所命题的各种考试（包括招生考、毕业考、统考等）。上面考什么学科，学校就重视什么学科；上面不考这门学科，学校就不重视这门学科，削减这门学科的课时，甚至取消这门学科。上面考试题目侧重在哪些内容，学校教学就重视哪些内容；上面出什么题型的题目，学校就让学生大量练习这种题型的题目。总之，学校教学工作脱离学生实际，盲目地跟着各类试题转。因此，改革考试首先就要扭转这种不正常现象，把被颠倒了的"教与考"的关系再颠倒过来，充分地、全面地发挥考试的所有功能，摆正考试的正确位置。

研究如何出好考题，是考试改革的中心内容。有些地方把考试改革的重点放在考试的形式上和考试的方法、方式上，如局限于要不要取消期中考试等等，忽视了对命题的目的、要求，没有抓住考试改革的核心问题。方法是为目的、要求服务的，脱离了目的、要求，只研究方法是没有价值的。因此，我认为考试改革应该把精力集中到研究考试的命题上，根据不同的考试目的，提出不同的命题要求。如果是单元性质的小测验，命题应该放在最基础的知识和技能上；如果是带有阶段性的考试，命题应适当增加综合性的要求，以促使学生掌握系统的知识和提高综合能力；如果是带有总结性的考试，则命题中综合性要求的比重要更多一些，甚至可以有一些让学生创造性答题的试题。命题中的一个难点，就是如何考能力，我建议把它作为一个课题在学校教研组内研究，积累经验。有些学校研究运用布卢姆的分级命题方法，设计命题蓝图，列出"双向细目表"，这是完全可以试验的，不妨让更多的学校、更多的学科参考试用。上级教育行政部门通过教研机构搞统考、统测，我个人认为这不是一种好办法，会带来许多弊端。应该实实在在把命题权还给教师，既然把教育学生的责任给了教师，为何还不相信教师，不给教师以命题的权力？如果说这是检查教育质量的需要，那么完全可以采用其他办法，如抽查教师的命题质量，抽阅教师批改考卷的质量等，为什么非要"统考""统测"不可？

再讲一讲评分问题。

分数有什么功能，起什么作用，似乎是人人都知道，不需要议论的。事实上，在实际教学工作中，分数的功能并没有完全被发挥出来，甚至被歪曲了。因此，在这里再强调一下。

分数是用以表示教育质量好坏、优劣的一种标志，这就是分数的评定功能，对这一点，大家在认识上是一致的，毫无异议的。既然它是一种标志，是一种符号，本身是属于中性的东西，没有什么对与不对，好与不好的区别。我们不能说百分制一定优于五分记分法，或者说等第制一定比百分制好。但这种标志是否能客观科学地反映出真正的教学质量，就是说它表达得是否客观、科学，是值得商榷的。比如有这么一件事，有两个学生同样考数学，都是 80 分，表面上看来似乎是属于同一个质量，但详细一分析，情况就不一样。一个学生有两题没有做，再加上其他的扣分，总共扣去20 分，得 80 分；另一个学生，每题都回答，但有些题回答得不完整，总共也被扣去 20分，得 80 分。从分数表达的"量"来看，是一样的，但两个学生实际的学习质量是不同的。第一个学生有两题没有回答，不外乎两个原因：一是不会做，反映其知识上有比较严重的缺陷；二是由于解题速度慢，来不及回答。不论哪一种原因，都反映出这个学生的实际水平不如另一个学生。因此，同样 80 分不一定反映出同一个学习水平。再如，我曾在 60 年代作过一个小小的试验，在学校的语文教研组会议上让教师轮流评定初二学生的一篇作文。评定时不许相互交换意见，各人各自看了作文以后评一个分数，然后公布各自的评分，结果相差达 20 多分。说明各位语文教师的评分标准非常不一致，虽然事先讲清楚是初二学生的作文，但还是各人有各人的评分尺度。这个例子可能由于作文评分标准难以规定得太具体，有它的特殊性，但下面的例子又如何解释呢？恢复高考制度后不久，曾有人对某市的高考评分进行了一次抽样复评，结果发现各科评分都有误差，语文学科误差 11.5 分，政治学科误差 6.55 分，外语学科误差 1.5 分，其他一些学科平均误差为 5 分。高考是有统一的评分标准的,在统一的评分标准下会产生这样大的误差,没有统一评分标准下误差又将是如何呢?我举了上面三个例子,目的无非是想说明在评分问题上要做到客观、公正、科学地反映真实的质量,是非常难的,即使是有统一的评分标准也难以做到,更何况还有一个临场发挥的问题。既然分数难以绝对科学、合理地反映客观质量,只能是相对地接近实际,我们的领导就应辩证地对待分数,我的态度是对分数"不可不信,不可全信",更不能"分分计较"。

正像考试的激励功能一样,分数也有激励功能。分数的激励作用,在及格线上下几分之间表现得最为敏感。如果我们对分数的客观科学性有比较辩证的态度,就不必在一两分或两三分之间"分分计较"。这里就有一个如何正确运用评分这一手段以达到发挥其激励功能的问题。有人主张采用"区别对待"的办法,对不同的学生采用不同的"标准"。对那些学习成绩不好,但主观上努力,有上进要求的学生,如遇可扣分可不扣分的情况,应该"从宽处理",特别是在总分接近及格线时,可让其及格。但事后必须找这个学生谈话,肯定其努力上进的一面,也指出其不足之处,激励他再接再厉,刻苦学习。事实证明,凡是这样做的,效果都很好,我个人也有这样的经验。对那些学习成绩虽好,但骄傲自满,常常粗心大意的学生,在可扣分可不扣分的地方,不妨"从严处理",并同时指出其学习态度上的不足之处。对答题有创见的学生,可视具体情况破格给予高分,以资奖励。这些做法都是激励手段的正确运用,运用得当,可以收到很好的效果。但有些教师忽视了分数的激励功能,相反,把它作为一种惩罚手段,甚至是报复行为:"你不好好听我的课,这次考试让你不及格!""你对教师态度不好,这次让你不及格!"等等。这些现象似乎并非个别,它已涉及教学态度问题,也可以说是一种变相体罚的行为,应该慎重对待,予以制止。

至于记分的办法,可以多样化,如百分制记分,五级记分,不记分只评等第,甚至在小学低年级可以采用"没有分数的考试"。不同学科的不同考试可以采用不同记分法,如作文(实际上也是一种考试)历来是评等第的,音、体、美学科,理、化生实验也可以评等第。总之,不宜规定得太死,不一定一律用百分制。事实上,有些考试用等第制评分,可以更好地反映实际的学习水平。

1984 年

要多研究学生

一

教育必须与社会发展相适应，教育必须与人的发展相适应，这是教育的两大基本规律。教育是人类永恒的事业，克服教育与社会发展和人的发展不相适应的一面，将是一项持久的工作。教育之所以必须改革，其重要原因之一，是我们的教育工作存在着脱离学生身心发展规律的现象，就是说存在着脱离学生实际的现象。因此，必须多多研究我们的学生。

教育必须适应学生身心发展，这是教育工作的基本规律之一。学生是学校一切工作的根本出发点和最终落脚点。教育教学工作若没有学生，如同商品生产没有顾客一样，是不可想象的。教育工作如若忽视学生的实际，不仅不能达到预期的效果，甚至还会影响学生身心的健康发展，走向教育的反面。

学校中，教师、学生、教材三者组成教学结构，这三个方面构成三对矛盾。(1)教师与学生的矛盾，主要是教师的主导作用与学生的主体作用之间的矛盾，教师的主导作用要落实到学生身上，调动学生学习的积极性，使学生进入学习的主体地位；(2)教师与教材的矛盾，主要是教师如何驾驭教材、掌握教材中的重点、难点，是教材为教师所用，而不是教师被教材束缚；(3)学生与教材的矛盾，主要是学生如何阅读教材，教材既供教师教学用，同时也供学生学习用，编写教材有一条重要原则，就是可读性，让学生可以自己阅读，能够看得懂（有人认为教材也可以称为"学材"，学生学习的材料）。从以上这三对矛盾可以看到，教师的主导作用要落实到学生身上，教材是供学生自学时用的，可见学生在这三对矛盾中占据着十分重要的位置，是构成教学结构的重要因素。

从国内外教育经验来看,但凡在教育上取得优异成绩的教师,对学生都十分熟悉,知道学生的认知特点和心理特点,了解学生的家庭背景和社区环境,从而努力使自己的教学工作做到从学生的实际出发。如果对自己的教育对象不研究,不了解自己的学生,教育的效果往往不会理想。有些国家,评价一个教师工作好坏的标准有十几条,其中有一半左右的标准涉及对学生的态度。比如,是否照顾到学生之间的个别差别? 能否客观公正地评价学生? 是否经常表扬学生? 是否鼓励学生自己教育自己? 能否创造学生之间的竞争气氛? 能否与学生建立亲密的关系? 等等。可见,教师如果不去接近学生、了解学生、研究学生,就不是一个好教师。

了解和研究学生,这是教师工作的根本要求。教育改革要取得成功,必须以学生的认知、技能和情感发展的一般规律为依据;必须有利于学生的个性发展。同样道理,教学方法的改革要取得成功,就一定要知道学生原有的学习基础和学习方法,就要懂得学生的认知特点和学习心理。思想品德教育要取得成功,就一定要了解和研究现时代学生的思想特点。作为一个教育工作者,要牢固树立"学生意识",要提高了解和研究学生的能力。因此,我提倡要多多研究学生!

二

了解和研究学生,其范围是非常广泛的,内容是十分丰富的。在深化教育改革的形势下,下面这些问题是值得好好研究的。

1. 关于学生身心发展的一般规律,以及不同年龄阶段(小学、初中、高中)学生身心发展的一般特点。

教育学和教育心理学的教科书上,对这个问题,有不少叙述,其中许多道理,现在仍然有用。但如何结合我国国情,结合我国青少年的特点来认识这些道理,如何把这些道理具体化是值得进一步研究的。特别是现在进入信息时代,青少年接触现代信息比较多,思想活跃,成熟得也比较早,在这种情况下他们的身心发展又有什么新的特点,更需要我们去研究。现在的学生都是我国 21 世纪的建设者,学校的教育改革应着眼于未来,我们不能总是用老眼光、老办法来教育新的一代人。学校的德育、智育、体育如何适应这一代人的特点? 教育内容的选择,教学方法和手段的运用,以及考试方法的改革,又将怎样适应这一代人的特点? 等等。这些都是值得研究的。如果说,过去讲的规律和特点,现在基本上还是适用的,那么,在新的历史时期下,有没有新的发展,也是值得探索的问题。

2. 关于学生学习知识,发展能力的特点。

对学生学习知识的问题,我们过去研究得比较多,有许多传统的做法,这些做法基本上是有效的。现在不能因为强调改革与开放,就把传统的东西不分精华与糟粕,说得一无是处,全面抛弃。但对这些做法,是否需要进行具体分析,合理继承? 哪些规律和特点,应该继承,并在继承的基础上有所发展? 哪些是过时了的,已经不适用了,需要抛弃? 这些都是值得研究的。"培养能力,发展智力"的口号在上海已经讲了近十年(是 1980 年年初提出来的),在教育实践中已积累了一定的经验,现在应该认真进行总结了。从研究学生的角度考虑,对不同年龄段的学生应该培养何种能力,他们接受这些能力训练有什么规律可循,有何特点,培养能力、发展智力的基本环节是什么,等等,都需要讲出一些道道来。

3. 关于学生非智力因素的形成、发展的特点。

学生智力的先天素质相差不大,但由于非智力因素的差异可以导致学生的学习成绩有显著差别。可见,学生的非智力因素是影响教学效果的重要因素。没有学生的学习积极性,教师再辛苦也是徒劳无功的。然而,学生的兴趣、情感、意志、毅力等非智力因素的形成和发展,又是受教师的教学方式方法、教师对学生的期望值以及教师的人格等的制约和影响。因此,这里有一系列的问题需要研究。例如:学生的非智力因素的形成和发展有何规律? 不同年龄段的学生在发展非智力因素方面有何区别? 教师如何才能对学生的非智力因素加以培养和操作? 为了发展学生的非智力因素,对教师本身的素质又有哪些要求? 等等。

4. 关于学生个性发展的研究。

个性发展的确切含义是什么? 怎样才能使学生的个性得到健康发展? 学生的个性发展有什么特点? 这些都是当前教育改革中的重要的理论和实践课题。三十多年来,因材施教的经验总结得不多,一个重要的问题就在于对学生缺少分析与研究,现在有必要抓紧时间加以研究。

5. 关于两个特殊的学生群体即学业优秀学生和学习困难学生的研究。

学业优秀学生也称智力超常儿童、天才儿童等。他们学业之优秀,先天智力因素和后天环境因素分别起多大作用,起什么作用,这在国际学术界尚无定论。但这个现象是客观存在的。据有关资料研究,超常儿童约占同龄学生总数的3%—5%,如果按3%的比例计算,我国的超常儿童约有560万,上海则约4万。这是一个不小的数目。近年来,我国在青少年的科技活动和奥林匹克竞赛中,涌现出一批批"尖子"学生,在国内国际的高层次比赛中频频得奖。这些人的成长发展有什么规律? 如何加以甄别? 如何在教育上创设条件,使这部分学生更好地实现全面发展和个性发展? 这些都是值得重视的问题。美国的调查资料显示,在近40届学科竞赛中得奖的1400名学生中,有70%成为博士,10%成为科学院院士,有7人荣获诺贝尔奖。在我们的实际教育工作中,由于缺乏研究,很有可能有些"好苗子"没受到重视,而被"扼杀"了。我建议对这个问题作跟踪调查,进行一些个案研究。这是一项十分有意义的科研项目。

学习困难学生也是客观存在的,各个学校都有,但这些学生的学习为什么会发生困难? 原因有哪些? 这是事关"大面积提高基础教育质量"的大问题。这个问题不解决,教育上采取什么对策就缺乏前提,缺乏针对性。在上海,闸北八中总结了成功教育的经验。小学生和高中生的学习困难学生又有什么特点,也需要研究。特别是小学的学习困难学生更需要研究。小学阶段的基础不打好,到了初中就有可能变成学习困难学生。产生学习困难,很可能是在小学阶段开始的。因此,特别需要研究小学的学习困难学生。我认为研究学习困难学生与研究学习优秀学生同样重要,同样很有意义。我国的教师都比较重视对学生实施个别辅导,这是很好的现象,但这种个别辅导,必须从诸如学习心理、思维方法、学习习惯、家庭教育等出发,对学生作具体分析与研究,如果只是就事论事地补知识,那么这种个别辅导的效果就会受到影响。

三

如何研究学生? 在这里,我只就研究的组织形式和总的研究方法讲两点意见。

要加强协同研究。我们上海的教育研究有一个很好的风气,就是教育研究有着比较广泛的群众基础,由教育部门的领导同志、研究机构的科研人员和基层学校的教师组成"三结合"研究队伍,这个做法一定要继承和发扬下去。从事教育科学基本理论研究的同志,要走出书斋,联系教育改革的实际开展研究。从事应用研究的人员,要在理论的应用上下功夫。广大教师,要从教育教学的实际出发,学习理论,运用研究成果,创造并总结先进经验。领导同志要树立科学决策的意识。这几支队伍联合起来,协同研究,科研的效果就能较好地得到提高。学校搞课题研究,要多请专业研究人员参与;反之,专业研究人员搞课题研究,也要吸收实际工作者参加。

从研究的层次和方法来看,可以有不同的侧重。广大教师接触学生最多,是研究队伍的主体,可以结合日常教育、教学工作,选择有代表性的学生,通过长期观察,有意识地积累资料。这种资料是非常宝贵的,是分析研究的原始材料。广大研究人员可与教师合作,帮助教师作较深层次的分析,探索其内在规律。这种研究是在中国的土地上进行,对象是中国的学生,因此取得的数据和资料更符合国情。我们要建设具有中国特色的社会主义的教育理论。我们的科学事业是中国人民的事业,只有对中国人民的科学事业作出了贡献,才是真正对人类的发展作出了贡献。

1984 年

教法与学法

一

教学方法的改革是学校教育改革的一个永恒的课题。新中国成立以来，这个问题始终是学校教育的一个热点问题，今后也仍然是一个热门话题。只要教学活动还存在，教学方法上的探索就不会停止。

教学方法的改革应该像其他改革一样，要有原则。这个原则就是"教学有法，教无定法"。

所谓教学有法，是指任何教学方法都应符合教学原则，符合学生的认识规律。学科的性质不一样，具体的教学方法就不同，语文有语文的教学法，数学有数学的教学法，体育有体育的教学法。学生不一样，教学方法也不同，对待小学生的教法应该区别于对待高中生的教法。但不论哪种学科的教学法，也不论对什么年龄学生的具体教法，都得遵循教学原则，都得符合学生的认识规律，这就是教学有法。违反这些原则和规律的教法，都是不可取的，都是有害的。

所谓教无定法，是指即使符合教学原则，符合认识规律的教学法，由于学科性质不一样，学生不一样，在选择具体教学方法的时候可以不必作出统一规定采用某种具体教法。教师就可按本人科学文化素养的不同，采用不同的教学方法。这样做就有利于调动教师的积极性，有利于发扬教师的教学风格，形成教师个人的教学特点，这就是教无定法。

"教学有法，教无定法"，这两句话一定要连起来讲，只讲"有法"，而不讲"无定法"，容易使教学方法千篇一律，使教学方法僵化；只讲"无定法"，不讲"有法"，就会"公说公有理，婆说婆有理"，没有原则可循了。

　　既然是教无定法，那么怎样去衡量、检验某种具体的教学方法的优劣呢？尤其是现在报纸杂志上，经常介绍某某教法如何如何，也有人一窝蜂地照抄照搬某种教学方法，弄得不少人无所适从。在这种情况下，提出衡量、检验某种具体的教学方法的优劣是十分必要的。前阶段我参加了许多评课活动，在评课会上，不少有经验的教师发表了很好的意见，我把这些意见归纳起来，集中到一点，就是从教学效果来判断，从学生身上的反映来鉴别。因为教师的教归根到底要落实在学生身上，要从学生身上来看教学方法好不好。具体地说大致有以下几条标准：一是看这种教学方法是否能引起学生较浓厚的学习兴趣，调动了学生的学习积极性；二是看这种教学方法是否启发学生积极思维，是否有利于提高学生的思维能力，改善学习方法；三是看这种教学方法是否把应讲的知识和应教的技能讲清楚了，学生是否懂了，会了；四是看这种教学方法是否让学生在课内有一定时间的练习（口头或书面的），是否有利于减轻学生过重的课业负担。

　　标准可能很多，学科的性质不同，标准的侧重点也不同，但是这四条是最基本的。总之，一切以效果来衡量。当然，这决不是仅仅凭一节课就能得出结论的。

　　在评课会议上，我也发现值得注意的几种现象，如评课时仅凭听课人个人的偏爱，夸大某种做法；或是采用"赶浪头""学时髦"的态度，宣扬某些做法，等等。这种现象如不加以纠正，会导致教学方法的改革走向形式主义的邪路。我们一定要大力提倡从教学效果判断教学方法的实事求是的精神，养成良好的务实风气。

二

　　启发式教学是大家普遍关心的问题。

　　启发式教学的实质是激发学生的学习积极性，诱导学生进行积极的思维，提高分析问题和解决问题的能力。"启发式"是"式"，不是具体的"法"。凡是能够达到上面这种要求的各种教学方法都可称为启发式教学法。衡量某一种教学方法是否属于"启发式"，不能只看形式，要看实质。"问答法"能启发学生思维，是启发式。但某些教师提出的问题极简单，答案都是书本上有的，学生不需要认真思考，轻而易举地就可以回答出来，这种问答法表面上似乎很热闹，实际上学生的思维量极小，甚至不需要动脑筋，这种方法就不能称为"启发式"。再如"讲授法"，可以是"满堂灌""填鸭式",但如果教师的讲解思维层次清晰,逻辑性极强,从提出课题到分析课题到最后的概括、归纳,符合听课学生的思维基础,确能使听课的学生始终处于积极的思维状态,这种"讲授法"也可以称为"启发式"。有人讲"教师讲课的逻辑性,是学生思考问题的一种示范",这话不无道理。

实施"启发式"必须掌握好两头,一头是研究教材,另一头是研究学生。研究教材,就是要掌握教材的重点和难点;研究学生就是要了解学生原有的知识基础,了解学生的生活经验,了解学生的实际接受能力,了解学生的学习方法等。只有研究了教材和学生两个方面,才能从实际出发设计好提问的问题,做到"启而能发"。

"启发式"中很重要的一点,是让学生发现问题,提出问题。"学贵善疑""怀疑是智慧之母",没有怀疑精神,也就没有创造精神。这里说的怀疑并不是无缘无故的怀疑,而是从原有知识基础出发,为了向更深更广的范围探索所进行的较深层次的思考。正如李四光同志所说的,"不怀疑不能见真理"。教师在教学过程中有意识地设计一些疑点,让学生去释疑;或鼓励学生去发现问题,提出问题,这些做法都是有助于启发学生思考的,是非常重要的一种教学方法。学生是否善于提出问题,是一个学生学习成绩好坏的重要标志之一,而一个学生提问的深度,也常常反映出这个学生对有关知识理解上的深度和广度。因此,在进行启发式教学时,教师的提问设计是十分关键的。同时也要十分注意学生提出问题的质量,不断表扬那些善于提出问题的学生,使课堂教学始终让学生处于积极思维状态。凡是这样的课就是好课。

因材施教是又一条教学原则。这个问题讲了几十年,也有些好的做法,但总结得不够,至今还是一个难题。万里副总理在1985年"全教会"上的一段讲话,值得我们认真思考。他说:"我们往往用一个固定的尺度框框去要求人才。要求一个杰出人才面面俱到,十全十美,这种方法很不利于人才的发现和成长,甚至还会埋没人才。"现在的教学工作确实存在着用一个模式,按同一规格去塑造一群学生,扼杀他们的个性、特长,埋没了人才这样一个严重问题。因此,如何因材施教,发展学生个性,培养有特长的学生,这是一个摆在大家面前的教改任务。

要实施因材施教,除了要在观念上弄清"平均发展"与"全面发展"的区别之外,在班级授课制的前提下,可以考虑在课程设置上开设选修课,强化课外活动,让学生自由选修,让学生自由参加活动,从而使他们学得生动活泼;在教材处理上,考虑同一学科按程度编写不同等级的教材;在学籍管理上考虑采用免修、跳级等特殊制度;在招生考试方面,考虑采用推荐免考,个别录取等办法。这就需要进行综合配套改革,这是一项系统工程,需要花大力气,先试点,再推广,逐步取得经验。至于在教学方法方面仍可采取课内布置不同习题,按不同程度提问,课外个别辅导等行之有效的做法。

三

教学活动是教师与学生共同参与的活动,教学方法理应包括"教"与"学"两个方面。现在报刊上介绍教学方法的文章虽然不少,但基本上是介绍教师如何教,很少论述学生在教师指导下如何学,讲教法多,讲学法少。研究改革教学方法不能仅仅停留在教师的教,更需要研究如何指导学生的学。只有把"教"与"学"结合起来,教学方法的改革才能得到进一步发展,进入一个新的境界。目前这一点似乎显得更为迫切和更加重要。

教法与学法两者是相互依赖、相互促进的。实践证明,凡是教学效果良好的教学方法,必然是从学生实际出发的,必然是在学生原有的学习方法基础上进一步帮助学生学会更好的学习方法,提高学习效率。正如不少人说的,教师的责任不仅是使学生学会知识,掌握技能,发展智力,同时也应该使学生学会学习,从"学会",到"会学"。因此,教法应该推动、促进,提高学法。但反过来,我们也应该认识到教法的改革又受到学生原有学法的制约。如果学生原来的学习方法是只会机械地背和记,教法改革的步子就不可能迈得太大,否则会影响教学效果。因此,教法的改革又受到学法的制约。

这里所说的学法,包括两方面的意思:一是各门学科的学习方法(也可以称为特殊的学习方法);二是学习科学文化知识共同的学习方法(也可以称为一般的学习方法)。各门学科的学习方法是不尽相同的,各有各的方法。如学习语文的方法,是要细细品味文章的字词句与篇章结构;学习数学要弄清数学概念,学会概括、推导等一些数学方法,这是完全不同的两种方法。再如学习史地等学科,难免要花时间记忆有关知识内容(当然不是死记硬背)。但学习物理、化学等学科,就不能只凭记忆,需要理解与推导、判断,而且还要学会实验操作。总之,每门学科有自己的特殊的学习方法,于是就有了各门学科的教学法。各科教师都应帮助学生学会自己教的这门学科的特殊的学习方法,这是各科教学法中需要考虑的一个重要问题。初二学生容易在学习成绩上产生严重的分化现象,原因是很多的,但其中一个易被忽视的原因是学生从初一进入初二以后,增加了物理与平面几何两门学科,而学习这两门学科的方法特别重视理解与推理,而学生从小学到初一年级惯用的学习方法是记忆与背诵,进了初二以后,如果学习方法仍逗留在原有的记忆与背诵的水平上,显然就无法学好这两门学科,成绩也就降下来了。有经验的教师重视了这一点,在学习方法上加以指导与帮助,学生就不会产生严重的分化现象。又如学习困难学生之所以学习困难,其中一个原因也是学习方法不适应,补救的办法之一是改进学习方法。国外有的做法是,对学习困难学生的课外补课首先是从改善学习方法着手,从而取得了效果。

对中小学生,特别是中学生来讲,除了学会各门学科的特殊的学习方法之外,还应学会学习科学文化知识的共同的学习方法,在这方面需要强调以下几点。

1. 帮助学生学会整理知识。各门学科知识都是自成系统的,前后之间都是有联系的。一章与一章之间,一个单元与一个单元之间,都有着紧密的联系。后面的内容往往是前面内容的延伸与发展,只有学好了前面的内容,才可以更好地学习后面的内容。同样,相关学科之间也是沟通的,如文史相通,史地相通,数理相通,理化相通,在学习一门学科的时候,往往会借用另一门学科已学过的知识,知识之间存在着互相孕伏与迁移的关系。但在进行教学的时候,则是一章一节,一个单元一个单元,一门学科一门学科,分别单独进行。如果处理不好,就容易把知识割裂开来,孤立起来,使学生学到的只是一些零零碎碎、孤立的知识。学生掌握了一大堆这种零碎的知识,是形成不了能力的。因此,我主张各科教师在进行教学的时候,要教会学生掌握一章与一章之间,一个单元与一个单元之间的联系,做到不断地"温故知新"。学科与学科之间也应该相互沟通,让学生懂得各科知识之间是可以相互迁移的。掌握了系统化的知识之后,知识才可以转化为能力,零碎的知识是无法转化为能力的。比如,一箱子零件是无法转动起来产生能量的,只有把它们组装起来(系统化起来),才有可能使它运转,产生能量。现在有经验的教师已经注意到这一点,他们在平时教学的时候重视章节、单元之间的内在联系,重视学科之间相互渗透与迁移,并教会学生(特别是毕业班学生)把学到的知识"织成网""画成树",使知识系统化,收到了很好的效果。"把厚书读成薄书",就是这个道理。

2. 教会学生自学。读书做学问归根到底靠个人努力,也就是靠自学。自学的方式方法很多,但比较重要的是学会做读书摘记和阅读参考书。做读书摘记是自学方法的一种,在中学阶段教会学生做读书摘记,对他们今后的学习极有帮助。现在有些中学生往往认为今天回家有练习就有作业,没有练习就没有作业,而不认为边读书边做摘记也是一种作业。因此,我们要重视这件工作,从小培养他们读书做摘记的好习惯、好方法。读书做摘记有各种形式,可以是整理知识性质的,如前面所说的"织网""画树"把有关内容串联起来找出其内在联系,可以是摘录书中要点或名言警句,也可以是写点读后感或评论。如果有可能做些读书卡片,并归类整理,则更好。总之,可以根据各人的需要自行选择。我们还应指导学生读参考书。过去学校里专门有一项课外活动,就是"课外阅读指导",现在这件工作被忽视了,应该重视起来。"课外阅读指导"除了指导学生选择读物外,也应指导学生有效地阅读,并与适当作些阅读摘记结合起来。在我们这个飞速发展的现代化社会里,知识正在不断更新和补充,现在的学生离开学校以后,只有善于自觉地依靠自学吸收和补充有关知识,才能适应社会发展和个人发展的需要。因此,我们应该从现在起帮助学生在学校求学期间就学会这种学习方法。一个中学生在校期间学到的知识是有限的,但学会这套自学的本领,养成良好的学习习惯和科学的学习方法,则是终身受用的。

3. 帮助学生学会思考问题。学习是一种脑力劳动,需要动脑筋思考问题。思考问题科学不科学,合理不合理,决定着学习效果的好坏。学习科学文化知识,总难免要记牢许多知识,如何记忆大有文章可做。有些学生不懂得在理解的基础上记忆,也没有找出巧妙的记忆方法(如编成"顺口溜"),只会死记硬背,靠这种方法强化突击,应付考试或许可以,但考后就会忘记。我认为各科教师都应教会学生采用合理的办法来记牢本学科中的内容。语文学科一定要让学生背几篇课文,如何背,就要加以指导;数学学科中有不少数学公式,如何记牢这些公式也需教师指点。学生如何从形象思维转向抽象思维,逐步学会分析、综合、推理、论证等思维方法,也需要教师在教学过程中进行指导。学习困难学生之所以学习成绩不好,原因之一是学习方法不对,而学习方法不对的原因往往是思维模式不对,所以对这些学生的补课,首先就得纠正其错误的思维模式。"学而不思则惘",不仅是"是否思"的问题,更重要的是"如何思"的问题。帮助学生学会思考问题是帮助学生学会学习的核心问题。我们的教学工作如果在这个问题上有所改进,则我们的教学质量就会有大的突破。

另外,如何专心听课,如何进行预习和复习,如何做作业,如何科学合理地安排个人学习时间、订学习计划等,都是学生天天碰到的学习方法问题,其中有的是学习习惯,有的是学习技能,都应从小抓起,并且要作长期的努力。

1985 年

对素质教育的几点认识

目前，大家都在讲，基础教育改革要使应试教育向素质教育转化。应试教育是指学校教育从办学模式、课程设置、教育内容、教育方法和评价标准等都是为应付升学考试，都是为升入高一级学校服务的。它严重偏离了教育方针，带来的弊端是人所共知的。当然，并不是不要升学，因此不称升学教育，而称应试教育，即应付升学考试的教育。素质教育指基础教育的目的是培养和提高学生的公民素质，为今后踏入社会，适应社会打好必要的基础。"素质"一词，从心理学来讲是指先天性的，后天的教育只能称素养。但现在大家都讲惯了素质教育，已约定俗成，也就没有必要去争论"素质"与"素养"了。

为什么要提素质教育呢？我是这样理解的。第一是为了适应我国社会主义建设对人才的需要。因为我国的社会主义现代化建设，要依靠科学技术的进步和劳动者素质的提高。学校教育为社会主义建设服务，就要培养、输送高素质的人才。第二是国际竞争的需要。当前国际上激烈的经济竞争，说到底是一个科学技术的竞争，而科学技术的竞争，也就是人才的竞争、教育的竞争。没有一流素质的人才，就没有一流的科学技术力量，也就无法在激烈的竞争中立于不败之地。即使像日本这样一个经济强国，也深切地认识到：如果教育不改革，人的素质不提高，到了21世纪，就有被灭亡的危险。可见，人的素质决定着在国际竞争中的胜负，决定着国家的命运前途。第三是教育改革的需要。基础教育的目的就是提高全体公民的素质，提高整个民族的素质。过去由于盲目追求升学率而扭曲了基础教育的目的，现在提出素质教育，就是恢复基础教育的本来面目。依据这三点理由，可以认识到，这不仅仅是教育内部为了纠正片面追求升学率的需要，更主要的是国家建设的需要和国际竞争的需要。因此，不仅是一项业务性的任务，也是一项政治任务。

按国家教委的讲法,素质包括四个方面,即思想品德素质、科学文化素质、身心素质和劳动技能素质。要真正理解素质教育的内涵,要区分素质教育与应试教育的不同,就要对这四个方面的素质作进一步分析。现在就我个人的理解讲讲自己的看法,供大家参考。

一、思想品德素质

思想品德素质分三个方面,即政治、思想、道德三部分。政治素质是指一个人的政治态度,是对党的领导,对社会主义祖国的立场、观点和态度问题。思想素质是指一个人的哲学观和人生观。哲学观是一种认识世界的基本观点和方法,也就是人们通常所说的辩证唯物主义和历史唯物主义的世界观;人生观是对人生的基本看法,也就是对人生价值和人生理想的基本观点和基本态度。道德素质是一个人的道德观和道德行为,如正确区别真假、善恶、美丑,正确处理个人与国家、个人与集体的关系,遵守法律、社会公德等。

思想品德教育要有层次、分阶段进行,不同年龄段的学生应施以不同的教育内容,采用不同的教育方法。

小学阶段是形成良好行为习惯的最佳发展期。要培养学生爱学习,爱劳动,爱祖国,爱护公物,懂得节约的良好行为。

初中阶段是形成社会公共道德品质的最佳发展期。要培养社会意识,社会责任感;培养法律意识,遵守社会公德;培养爱国思想,树立为人民服务的观念。

高中阶段是形成革命人生观的最佳发展期。要学习马列主义、毛泽东思想,学习社会主义革命和建设理论,树立正确的政治观点和正确的人生观,爱党爱社会主义。

以上几个阶段的教育内容是从低级到高级,逐步深化的,但也可以有所交叉。一般地说,道德行为的素质,应在小学、初中阶段解决,高中阶段主要是政治素质和思想素质的提高。所谓分阶段、有层次地进行教育,就是既不能操之过急,超越学生的接受能力,把高中阶段的教育内容提前到小学进行,又不能在某一年龄段该解决的问题不解决,"欠账"太多。有人讥笑在幼儿园、小学里进行坚持四项基本原则教育，而到了大学里则抓不随地吐痰，不乱丢纸屑等日常行为规范。概括地说，对中小学生的思想品德教育，在教育目标上，宜小不宜大，要一步一个脚印；在教育内容上，宜集中不宜分散，要有反复性；在教育方式上，宜细致不宜粗糙，要和风细雨，"润物细无声"，要有渗透性；在教育时间上，宜长不宜短，要有持续性。

对中小学生进行思想品德教育，一定要坚持知行统一的原则，一定要有针对性。既要把道理讲清楚，提高觉悟，提高认识，又要抓行为训练，身体力行。不能只讲道理，不抓行为训练。良好的道德行为是靠坚持不懈的反复训练得来的，不是单凭口头说说就能够做到的。当前中小学校进行的养成教育，特别要注意这一点。

在应试教育的思想指导下，中小学思想品德素质的教育有所削弱。各级招生考试基本上是以分数取人，虽然也说按德、智、体标准录取，但实际上是按分数录取，对学生的思想品德要求是极低的。这种重智轻德的做法，是不利于对学生进行全面素质教育的。德育为首，就是在培养目标上把学生的政治方向放在首位，把学生的全心全意为人民服务的思想品质放在首位。如果我们培养的学生在科学文化上有缺陷，在今后的工作和学习中还可以弥补，若是在政治上、思想上、道德上出了问题，就是对国家、对社会的最大损失。

二、科学文化素质

科学文化素质包括的内容，除了扎实的基础知识和基本技能之外，还应该有合理的知识结构和能力结构，以及科学的学习方法。按应试教育的要求，大学需要高中开什么课，教什么内容，高中就开什么课，教什么内容；高中需要初中开什么课，教什么内容，初中就开什么课，教什么内容，科学文化知识的要求仅仅是"双基"而已。但是，素质教育对学生的科学文化方面则提出了更高的要求。

知识结构，主要是指知识的广度和深度。从目前现行的各科教学大纲和教材来分析，在知识的深度和难度上存在着偏深偏难的缺点，在知识的广度上，则存在着知识面不够广、内容陈旧的毛病。偏深、偏难加重了学生的学业负担，这是应试教育的必然产物。其实对中小学生来说，把基本内容学得扎实一点就可以了，不必太深、太难，扎实也就是基础。但对学生知识面狭窄这个问题，就一定要花力气解决。学生的知识面太狭窄,会影响思维的发展,影响智力的发展,影响创造力的发挥。这些都是成才的重要条件,因此一定要合理地处理好知识的深度和广度。在精简教学内容,确定教学要求方面是否可以设想:在深度上搞得浅一点,但要扎实一点;在难度上定得低一点,但要灵活一点;在广度上宽一点,多样化一点。

能力结构基本上包括三个方面,即获取知识的能力、运用知识的能力和社会适应能力。获取知识和运用知识的能力主要是观察能力、思维能力、自学能力和动手能力。"观察是思维的窗口",培养观察力,对幼儿和小学生特别重要,要时时处处引导他们观察客观事物,观察得愈细致愈好,通过观察,启发他们思维。思维是智力的核心,既要重视逻辑思维,又要重视形象思维,使大脑左右两边均衡地得到发展。学校的课程设置除了要有理科、文科和社会学科外,还要有艺术学科,这不仅是为了使学生获得合理的知识结构,也是使学生能均衡地发展思维,使学生变得更聪明。教学方法要提倡启发式,其最终目的也是发展学生的思维。自学能力是一个人获取知识的"金钥匙",一定要重视。阅读是自学的重要手段,要培养自学能力就要提高学生的阅读能力。一般地说,阅读能力是由三个要素构成的,即理解(读得懂)、速度(要有一定的速读能力)和基本功(字、词、句的基本功)。这三个要素中,字、词、句的基本功应该在小学阶段打好,进入初中以后主要是培养理解能力和训练阅读速度。理解与速度这两者是相辅相成的,速度是建筑在理解基础上的,读得虽快而不理解,这种速度是毫无意义的。动手能力是一种重要的能力,一个人会动手也是一种宝贵的长处,但在应试教育下被忽视了。以上四种能力,对提高科学文化素质是非常重要的,应在实际教学工作中有意识地精心培养。至于社会适应能力,主要是指交际能力、组织管理能力和应变能力,这些能力不能靠课堂教学来培养,在应试教育的影响下是被忽视的,现在要重视了。可以通过课外活动、校外活动,让学生参加社会实践,从中得到锻炼,得到提高。现在有些地方的课外活动,教师包办太多,学生的自主活动太少,不妨大胆一点,放手让学生"在大海中学会游泳"。

科学的学习方法是科学文化素质的一个重要方面,是学习的一种基本功。恩格斯曾批评过英国的一所中学,这所中学有充足的办学经费,可以聘请最好的老师,可以有最好的设备,但这所学校执行着一种非常有害的"背书制度"。为此,恩格斯严厉地批评说:推行这种制度不到半年就会把学生都变成傻瓜。我们有些学校虽然不搞"背书制度",但满足于学生用死记硬背的学习方法来应付各种考试。这种做法,也是十分有害的。衡量学习质量,不能光凭分数,还应看学习方法是否科学合理和学习效率是否高。我提倡在实施素质教育,研究改进教法的同时,研究如何有效地指导学生的学法,使学生的学习方法更科学,学习效率更高。

三、身心素质

身心素质包括身体素质和心理素质两个方面。从体育学科来理解,身体素质是指一个人在体育锻炼方面的力量、速度、耐力和灵敏度等。但,这里讲的身体素质是广义的,泛指一个人的健康状况、运动水平和卫生习惯。因此,提高身体素质不仅仅是体育课的任务,也是学校各科教学和各项工作的任务,即使对体育教学来讲,也要改变过去那种一味追求运动成绩的竞技体育的状况,使体育教学着眼于提高身体素质。

心理素质的培养,在应试教育下是被忽视的,是学校教育中最薄弱的一个方面,因而在中小学生中害怕困难,缺乏坚强的意志和毅力等问题比较突出。健康的心理是一个人事业成功的重要因素,是一个人甚至一个民族极其宝贵的品质,在学校教育中应占有十分重要的地位。在实施素质教育时,应该把心理素质的培养放在比较突出的位置,要花大力气抓。对中小学生来说,心理素质主要是培养稳定的兴趣爱好,这是一种学习的内驱力,有了兴趣爱好,才能有钻研精神,才能为它而奋斗。要培养顽强的意志和毅力,这是战胜困难,在学习上、事业上取得成功的重要条件。要发展学生的特长,这种特长不是指一些技能技巧方面的,而是指一个人个性方面的特长,有了这种特长才可能出类拔萃。

四、劳动技能素质

这里虽是指劳动技能技巧,但也包括劳动态度和劳动习惯。在应试教育下,即使开设一些劳动技术课,也是带有点缀性质的,是无足轻重的。现在,把它作为素质教育中的一个方面提出来,就不再是作为点缀了。其实,教育与生产劳动相结合是我们的根本方针,培养劳动者是我们的根本目标,这是人人皆知的。过去只是讲讲而已,现在要切切实实地抓了。劳动技能素质教育,要从小抓起,从料理自己的生活,做一点力所能及的家务事着手,逐步培养自理能力,养成劳动习惯,然后再根据学校的设备条件和个人的志趣,学会一点金工、木工、电工方面的加工、制作、修理等技能技巧,并学会使用简单的仪器、仪表和劳动工具。我预计,将来在考核学生素质时,这也是考核的一个方面,而不再仅仅是一张试卷了。

按照这样的初步理解,是否可以概括为以下三点。

1. 素质教育与全面发展教育是一致的。它同样包括德、智、体、美、劳五个方面的教育内容和教育要求,只是在培养目标的某些方面讲得更具体,更鲜明。

2. 素质教育与升学并不矛盾、对立。抓好了素质教育,学生的全面素质提高了,就可以为高一级学校输送质量更高的新生。

3. 素质教育比应试教育提出了更高的要求。无论是在学校管理方面,师资队伍建设方面,教育教学改革方面,还是领导班子自我建设方面都提出了新任务、新要求。我们必须从转变观念着手,在课程、教材、教学方法、教学设备、教育评价和考试等方面进行配套的改革,使基础教育改革进入一个新的领域。

1985 年

谈"个性发展"

　　学校教育对学生的个性发展长期未予以重视，只讲社会需要，不讲人的发展需要，只讲群体需要，不讲个性发展需要。可能由于人们认为强调共性不会犯错误，多谈个性就有提倡个人主义的嫌疑，再加上人们对个性一词有误解，把它作为贬义词对待，用以表达某些人在心理上或性格上的缺陷。因此，学校教育就不提个性发展，而是以一个固定的尺度、僵化的框框，去要求人才，选拔人才，要求培养出来的人才都是十全十美的，这样做的结果，不是培养人才而是埋没人才。按照这样的指导思想办学校，只能是"千校一面"，学校就办不出特色，教学就没有特点；按这样的思想培养人才，也只能是"万人一面"，人才就出不来，更不用说培养出才华横溢的人了。

　　什么是个性呢？从哲学上讲，可以解释为"矛盾的特殊性"，是一件事物区别于另一件事物的地方，是相对于共性而言。从心理学上讲，可以理解为人的一种心理特征，这种心理特征是比较稳定的，有一定倾向性的。人们把这种心理特征通俗地解释为人的性格、兴趣、爱好、特长。现在，我们所讲的个性，就是心理学意义上的个性。所谓个性发展，就是要使学生的性格、兴趣、爱好、特长都得到发展。

　　但个性有进步与保守的区别，有健康与不健康之分。凡是有利于个人成长、发展，促进社会进步的，都是进步的、健康的个性；相反，凡是不利于个人成长、发展，阻碍社会进步的，都是保守的、不健康的个性。因此，我们讲个性发展是有前提的，一定要在全面发展思想指导下，发展学生健康、进步的个性，决不能借发展个性之名，搞"自由化"，搞"个人主义"。只有这样，才能使个性发展与社会需要统一起来。若人的个性能得到充分发展，就有可能使各种各样的人才涌现出来，有了多种多样的人才，才能满足社会对人才的多种需要，才能促进社会的发展。社会越发展，人的精神生活和物质生活越丰富多彩，就会在数量上、质量上对人才的多样性提出更高的要求，从而又推动人的个性发展。可见，社会需要与个性发展两者是统一的，相互联系，相互促进，并不矛盾，更不是对立的。

个性发展与全面发展两者之间也不是矛盾对立的。我们要求的全面发展，是让学生在德、智、体、美、劳诸方面都能得到生动活泼的、和谐的发展，同时也允许学生的个性得到健康的发展。全面发展并不是要求学生在学业成绩上门门功课优良，并不是要求学生平均发展，成为没有缺点的"完人"。在学校评选"三好"学生时，往往把学业成绩是否全部优良放在评选标准的第一位，而很少考虑学生的个性，考虑学生在某些方面是否有突出的长处。这样做是不利于学生个性发展的。

怎样发展学生的个性，是值得研究的一个科研题目，现成的经验不多，有待于创造、探索。我认为，除了端正思想认识外，还必须在教育体制和教学机制上，为发展学生个性创造条件。现在，中小学的教育体制，统得太多，管得太死，所有学校都实行统一的教育计划，执行统一的教学大纲，使用统一的教科书，招生采取统一的试卷，划定一条统一的录取分数线。经济、文化比较发达的地区是这样，山区、农村不发达地区也是这样。学校教育、教学工作本该是一项创造性很强的事业，具有很大的开拓性，它时时处处要求我们从事教育工作的同志从实际出发，根据自己所在地区、所在学校的情况，制订工作目标和工作计划。要求我们在实际工作中善于发现问题，提出问题，创造性地解决教育、教学工作的现实问题。可是，这些"统一"使教育工作变成一种按统一模式、统一规格、统一程序操作的"机械运动"。在这种教育体制下，学校校长就缺乏办学的自主权，教师就缺乏教学的"自由度"，不能形成自己的教学特色，学生当然也就谈不上个性的发展。因此，我主张要改变这种教育体制，要层层下放权限，给学校校长更多的办学自主权，真正实行校长负责制。在教学机制上，改变单一的课程设置模式，在中学不妨多开设一些选修课，让学生根据自己的兴趣、爱好自主选择。要大力开展课外活动，让学生自由参加，在校内有领导地组织各种社团活动，让学生独立活动。总之，只有让学生有充分的自由支配时间，发展自己的兴趣爱好，活跃思想，扩大知识面，才有可能逐渐形成自己的个性。

学生个性的发展,特长的形成,固然有赖于学校创造条件,但更主要的还在于教师的熏陶和影响。即使开设了选修课,学生如何选择,还得由教师指点,学生参加什么项目的课外活动,在课外活动小组中如何开展活动,同样需要教师的引导和启发。中小学生的兴趣爱好往往是不稳定的,今天对这件事有兴趣,明天可能会对另一件事有兴趣,这种不稳定性,是这个年龄段学生的特点,我们的责任就是要引导他们从不稳定逐步走向相对的稳定。据有经验的教师介绍,最基本的办法就是引导学生对某一件事或某一个问题,从纵深方面去加深认识,当学生对这件事或这个问题知道得愈多,兴趣也就愈浓;知道得愈深刻,兴趣也就愈浓了,如果在这方面继续钻研下去,就会形成相对稳定的兴趣。可见,学生个性的形成,有赖于教师的引导和启发。我们应该在教学活动中(包括课内课外),培养学生善于发现问题、认识问题、探索问题的精神,使他们多变的兴趣逐步稳定起来。我们决不能认为设置了选修课,创造了课外活动的条件,学生就自然而然地发展了个性,自然而然地形成特长。

我说过这样一句话:"办学要有特色,教学要有特点,学生要有特长。"这三个"特"已被许多人接受。但它们相互之间有没有联系? 有怎样的一种联系? 未必大家都认识清楚。我认为,这三个"特"之间,应以"教学有特点"为中心内容。因为,学校工作以教学为中心,离开了这个中心就谈不上办学特色,只有学校的教学工作,包括教师个人的教学工作有了特点,才会有学校的办学特色。一旦教学有了特点,学生才有形成各种特长的机会和条件。许多事实都证明了这一点。如果学校里有一支高水平的外语教师队伍,这所学校必然会有一批外语尖子学生;学校里某一门学科的奥林匹克竞赛经常能得奖,这所学校里一定在这门学科方面有几位富有特色的教师;学校里某项体育或音乐或美术活动开展得好,常常出尖子,一定与有这些学科特长的教师在辅导有关系。总之,学生特长的形成与发展,离不开教师个人的某种特长和教学工作的某种特点。当然,这种影响往往是潜移默化的,效果也往往是滞后的。在某次座谈会上,有人问一位文学作家是怎样走上写作道路的,他认为是受中学语文教师的影响。他说,这位语文教师上课有一种与众不同的教法,他常常要学生在课内认真地阅读课文,有时整整一节课让学生一遍一遍地默读或是朗读,在阅读的基础上,让学生谈读后的感想和体会,基本上人人都谈,教师自己也参与,谈自己的看法。教师谈得深入浅出,补充学生没有讲到的地方,深化学生讲得不深刻的地方,从而对学生有许多启发。久而久之,学生对上语文课的兴趣越来越浓,这位作家就是在这个时候萌发了写作的念头,以后走上了写作的道路。从这段叙述中,可以看到,教师的教学艺术对学生有很大的影响。这种教学方法是不是最好,可以讨论,但总比教师在讲台上辛辛苦苦地分析课文,学生在下面懵懵懂懂地听课文分析,效果要好得多。

有人认为,现在教师中有教学特色的人不多。过去,中学语文教师里有"四大名旦",即四位教学各有特点的教师,而现在没有新的"名旦"了。其实,教师不是不愿意有自己的教学特点,形成自己的教学风格,而是思想上受到束缚和限制,最大的束缚还是考试这根"指挥棒"。不敢放手大胆改革,担心一旦改革受到挫折,在升学竞争中吃了亏,会受到学校领导和学生家长的责难,而且现在评职称等,往往是与教学成绩挂钩的,一旦改革失败,教师个人也会吃亏的。因此,有的学校虽然教学改革搞得热热闹闹,但往往是在非毕业班,一旦进入毕业班,一切又都围绕升学这个轴心转。我相信,如果这种思想束缚解脱了,教师队伍中的各种教学特色会源源不断地涌现出来。当然,教师个人的教学特色、教学风格的形成,还需要学校领导和有关教研部门去发现、扶植、总结、提高,并有意识地加以宣传、推广。

另外,为了有利于发展学生的个性,学校的某些教学管理办法也要相应地进行改革。例如,评选"三好"学生的标准和办法要修改,使个性发展比较好的学生有机会评上"三好"生;又如制订免修、免考、跳级等制度,以鼓励学生敢于冒尖;还可以试行学分制、弹性学制等办法,让有些学生可以脱颖而出;对学生的创造、发明,可以设置一些奖励办法,激励学生搞"小创造""小发明"。托尔斯泰说过:"如果学校里培养的学生,只能使自己什么也不会创造,那么这些学生将永远只会模仿与抄袭。"学校管理应该严格,应有校规,但要"管而不死",在严格的校规中,留给学生自己活动的天地,不能把他们"管死"。有一名重点中学的学生写信给学校领导,信中有一段话颇耐人寻味:"学校以为管得越严,越能把学生管好。殊不知,每个学生的个性不一样,每个学生都有自己的理想、抱负,都有自己的主见。他们不希望别人过多地干涉,他们要求独立思考,要求别人理解,要求让他们保留一点自己的东西。"这段话对我们了解学生的内心世界,改善学校管理是很有启发的。

据有关部门统计，我国具超常智力的少年儿童占所有少年儿童 3％左右。以一所小型的初级中学为例，全校 600 名少年儿童中，将会有 18 名超常智力学生。全国、全市该有多少？这是一个不小的数目，可惜由于种种原因，这些学生中不少人被埋没了。如果我们重视发展学生个性，在这个问题上，有所作为，有所突破，让这 3％的少年儿童脱颖而出，这将是国家的一笔巨大的人才财富，将是对我国基础教育事业的一大贡献。但愿这一天早日到来。

1985 年

向教育科研要质量

当代社会各项事业的发展,有两个重要的支柱:一是科学技术;二是管理。这是一条重要的经验。我国改革开放以来,党和国家十分强调科学技术事业的发展,十分重视管理体制的改革。凡是社会、经济发展得比较快的地方,都是依靠了科学技术的进步,提高了劳动人民的素质,都是认真地抓了管理体制的改革,讲究了效益。"向科研要质量""向管理要质量",这两句口号已逐渐成为人们的共同认识和自觉行动。发展学校教育,提高教育质量亦是同样的道理。

新中国成立以来,在较长的一个时期内,教育没有受到应有的重视。没有认识到智力投资的重要性,没有把教育事业作为国家建设的战略重点,没有把教育作为一门科学事业来对待。相反,常常使教育隶属于政治斗争,把它作为"阶级斗争的工具",极少尊重教育自身的规律。回顾这几十年来的情况,可以清楚地看到,在 50 年代,学校教育跟着社会上的政治斗争走,经常停课搞运动;60 年代初期,打算按教育科学办事,成立了中央教育科学研究所,制订了各级学校的工作条例,但 1966 年"文革"开始,教育被彻底破坏了。在这几十年时间里,教育一直在受折腾,直到粉碎"四人帮",特别是十一届三中全会以后,教育才真正受到重视,开始被列为国家的"战略重点",教育科学事业迎来了一个新的发展时期。

就上海的实际情况来看,从 80 年代初筹建基础教育的教育科学研究所开始,在将近十年的时间内,教育科研方面进展比较快。例如,基本上成立了市、区(县)两级教育科学研究机构,形成了网络;专职和兼职研究人员的队伍日益扩大,研究领域从学前教育扩展到中小学;研究范围从学校内部管理到教育管理体制改革,从学校教育到家庭教育、社区教育;研究内容从教材、教法到课程、评价,从"五育"到学生心理卫生;研究方法从调查研究到科学实验等,可以说基本上覆盖了基础教育的各个方面,并且还出了一批有一定质量的科研成果。但是,从另一角度来看,我们的研究队伍还很小,研究水平还不高,理论和方法还比较落后。在实际工作中,"向教育科研要质量"的意识还不强,不少学校学术研究气氛还没有形成,广大教师的教育学、心理学理论修养还不够;在具体工作中,不尊重教育规律,违背教育规律的事时有发生;形而上学,形式主义的思想方法和工作作风还有一定的市场。这些问题的存在,阻碍了教育改革的深化,影响了教育质量的提高。因此,为了使教育改革向纵深发展,为了大面积提高教育质量,为了切实提高下一代的全面素质,应当提倡在中小学大力开展教育科学研究工作,真正树立起"向教育科研要质量"的意识,并付诸行动。

在学校开展教育科学研究时,要弄清楚教研和科研这两个概念。所谓教研,全称是教学研究,也就是教学科学研究。所谓科研,全称是教育科学研究。可见,教研与科研都是搞科学研究的,是属于同一性质的工作。如果要区分两者的差别,主要是研究的范围不同。教研的范围主要在教学领域,诸如课程、教材、教学法、考试、评价等;科研的研究范围比较广,基本上包括教育的所有领域,从宏观到微观都可以研究,当然也包括教学领域的内容。可以这样认为,教学研究是教育科学研究的一个分支。有人认为,教研只是就事论事的研究一些教学业务上的具体问题,缺乏理论色彩,不必太讲究科学性,而科研则要重视理论上的探讨,重视科学分析。这种认识是片面的,教研工作应该有理论指导,应该讲究科学性,而科研工作,尤其是群众性的科研工作,必须针对现实,从实际出发,研究现实中的问题,不搞纯理论的研究,两者是一致的。既然教研与科研是一致的,那为什么要分设两个机构呢? 我认为这是历史上的原因。以上海来说,教学研究机构是50年代初期建立的,而且一直延续到今天;而教育科学研究机构是80年代初期成立的,两者相隔30年,于是就形成了两个机构。但从全国范围来说,有些省市只设教育科学研究机构,教学研究工作由教育科学研究机构内一部分专职人员承担,不另设教学研究机构。因此,不能由于机构设置的不同,而人为地把教研和科研分为两种不同性质的工作。现在提出"向教育科研要质量",当然包括向教学研究要质量。在中小学校,教研和科研都是搞教育和教学的研究,是一回事,不是两回事。

对中小学来说,教育科学研究的主要研究对象是学生,也就是我们的教育对象。研究他们成长发展的特点和规律,以及适应这种特点和规律的教育内容、教育方法和教育手段。这种研究,可以是研究某一年龄段学生群体,也可以是研究带有某种特殊性的个体学生,如研究尖子学生的特点,或是研究学习困难学生的特点。其实这种研究工作已经有许多人做过,发表了不少研究成果,现成的资料也不少,但这些东西有的是几十年前的情况,有的是国外学生的情况,结合我国国情,面对 20 世纪 80 年代改革开放的时代,这些资料上的东西,哪些现在还适用,哪些需要补充修正,哪些是过去没有研究过的,都需要我们思考。因此,研究学生是中小学教育研究的永恒的主题。这项工作每个教师都可以做,他们天天接触学生,对学生的情况是知道的。虽然,这种了解往往是浅层次的、零碎的表面现象,但毕竟不是从零开始,如果能有目的、有系统地作些调查,在调查的基础上作较深层次的分析,就可能在原有认识基础上,对学生有进一步的了解,从而使自己的教育、教学工作减少盲目性,更贴近学生实际。

除了研究学生之外,还需要研究的课题很多。结合学校教育改革的实际情况,各校都可以确立自己的研究课题。举例说:教学方法的改革,各校都在进行,每个老师都在进行。而且年年都在搞,也总结了一些好经验。但怎样使教师的教法和学生的学法结合起来,这一研究工作就做得比较少,报纸杂志上介绍的经验,虽然都很好,但往往偏重于教法,很少谈到通过教师的教来推进学生的学,从而提高学习效率,因此这个问题应花力气去研究。又如,减轻学生过重的学习负担,是当前中小学教育改革面临的十分棘手的问题,教育行政部门三令五申,也发了不少文件,而实际收效并不很大。究竟是什么原因?有人说这是"综合征",需要"综合治理",这话不错。但我们是搞教育的,从教育方面考虑,究竟问题在哪里,又该如何治理,似乎还没有足够的有说服力的材料来回答。这个问题能不能作为我们学校的一个科研课题来研究呢?再如,从小学一年级到高中三年级都在进行爱国主义教育,在这前后 12 年中,学生文化知识和接受程度不断在变化、发展,怎样安排这 12 年的爱国主义教育内容和教育要求,使其有一个序列可循,一步一步地深化,也是值得研究的一个大问题。对学校来说,是否可以分段研究,小学研究低、中、高年级,初级中学研究初一到初三,完全中学研究初一到高三,并把各自的教育序列排出来,把实施的经验和效果总结出来,这是值得去尝试一下的科研课题。总之,学校范围内研究的课题是极其广泛的,可以从各自的教育改革需要出发,选择自己的研究课题。

一般地说,学校内研究的课题范围宜小不宜大,不要搞力不能及的课题。课题研究的时间宜短不宜长,一般以一年左右能见到效果为好,最长不超过三年。课题的要求宜低不宜高,教师搞科研是不脱产的,区别于专职科研人员,要求不宜太高,特别是理论方面不宜有太高的要求,能够把情况说清楚,道理讲明白就可以了。研究的方法宜简不宜繁,可以多搞一点调查研究,调查样本不妨小一点,项目不妨少一点,数据不宜太多,计算不宜太复杂。让教师花点力气,下点功夫,尝到科研成果的甜头以后,积极性就会不断提高。如果要求过高,高不可攀,会挫伤积极性的。

中小学开展教育科学研究的主体应该是教师。根据我近年来的观察,凡是投身于教育科学研究的教师,在自身的思想、业务、工作方面都有不同程度的提高。由于教师素质提高了,教育、教学的效果就不一样,教育质量也就提高了,这就是"向教育科研要质量"的真正含义。教师搞教育科研至少有这样一些益处:一是搞科研之前,思想上往往被"升学率"束缚,搞了科研以后,思想比较解放,站得比较高,看得比较远,不为眼前的考试、分数所束缚,勇于探索,勇于实验;二是搞科研以前,对教育学、心理学方面的理论不关心,兴趣不浓,搞了科研以后,由于研究的需要,就关心这方面的理论并自觉地学习,认识上有了提高;三是搞科研以前,虽然也关心与自己业务有关的信息,但局限性比较大,搞了科研以后,不仅关心原来所关心的信息,而且还关心各方面的教改动态,包括国外的,不仅是业务方面的,也有理论方面的,信息量扩大了;四是搞科研以前,虽然也注意改进自己的工作方法,但基本上局限在自己的经验范围内,搞了科研以后,开始跳出自己的经验范围,讲究调查研究,讲究方法的科学性,思路比较开阔。这四个方面正是提高师资队伍素质的重要内容。可见,组织教师进行教育科学研究,是师资队伍建设的一个十分重要的手段。

至于在学校范围内如何开展教育科学研究,现成的经验不少。概括起来,不外乎这几条:第一,领导带头,校长不仅在口头上要动员、号召,而且要与教师一起参与课题研究；第二，要组织一支科研志愿军，在学校里领先一步搞科研，营造起校内的科研气氛；第三，在物质上、时间上、精神上对从事科研的教师，给予充分的支持和鼓励；第四，争取专职科研人员在科研方法上、理论上的指导和帮助。有了这四条，就可以基本上打开学校教育科研的局面，就可以开始"向教育科研要质量"了。

1986 年

"办学特色"之我见

"办学有特色，教学有特点，学生有特长"，这是 80 年代初我在市教育局一次讨论中小学教育改革的会议上提出来的。当时，对这三个"特"的含义，它们之间存在着怎样的关系，如何做到这三个"特"，都没有讲清楚，会议上也没有展开讨论。后来，这三个"特"普遍传开了，被越来越多的人接受，其中难免在认识上不一致，产生一些误解。今天，趁这个机会，讲讲我个人的一点粗浅看法，抛砖引玉，希望大家共同来讨论，以便取得基本上一致的认识，避免工作中的偏差。

办学有特色，就是办学校要有特色，或者说是把学校办出特色来。不是讲办班有特色，不是学校里办了几个特色班，就算学校有特色。譬如，一所学校的教师都有一种非常良好的教学风气，这种教学风气影响着、感染着学生，在学生中形成一种同样良好的学习风气，这种教风和学风汇总成学校的校风，而这种校风又代代相传，取得了社会的公认，那么，我们就可以说这所学校办出了特色。再如，学校里某一门学科教学质量特别好，出了许多尖子学生，而且年年如此，这所学校就可以称为这门学科的特色学校（如外语特色学校、数学特色学校，等等）。同样，如果一所学校在体育、艺术、科技等某一方面的活动开展得出色，能经常出人才，出成绩，出作品，出经验，在全国或全市的竞赛活动中常常能取得好名次，并且这方面活动已经成为学校的传统项目，这样的学校可以称得上在某某方面有特色的学校（如足球特色学校、体操特色学校、艺术特色学校等，但又不是这方面的专业学校）。其他的如学校在学制方面，课程设置方面，教育、教学管理方面，思想品德教育方面等，只要在某一个方面有独特的地方，而且取得可喜的成绩，都可以称为学校在这方面有办学特色。

可以有形形色色的各种办学特色，但它们都必须有以下几个特点。

1. 必须是全校性的,不是部分班级的。办几个特色班不能算是办学特色。

2. 一定要出成绩,出人才。其成果一定要在学生身上体现出来,要取得社会的公认。

3. 特色是一贯的,经得起时间的考验,成为学校的一种办学传统。不能是今天一个特色,明天是另一个特色,或者今天有特色,明天特色就消失了。

学校要办出特色,是一件非常艰苦的事。没有"十年磨一剑"的功夫是办不到的。它一定要有外部条件的支持,有关领导部门要允许学校创出特色来,如果还是统得太多,管得太死,那么是不会有特色的。上海过去有些学校有相当的办学特色,在社会上也有一定的声誉,但由于教育体制受计划经济的影响,统多了,管死了,学校都办成一种模式,结果这些特色都消失了。现在,教育体制正在改革,外部条件在一天天好起来,学校办出特色的客观条件比过去优越多了。有了外部条件的支持还不够,主要还是靠学校内部的努力。在学校内部,首先要有一支相关的教师队伍。办外语教育的特色,就要有一支出色的外语教师队伍;办艺术教育的特色,就要有几位有相当专长,并能热心于艺术教育的音乐或美术教师;体育要有特色,就要有擅长于某一运动项目的体育教师。办好学校要依靠教师,办出特色更要依靠教师,没有一支相关的教师队伍,要办出特色,就是一句空话。但学校办出特色更关键的是学校领导,要有一位好校长。一般地说,作为校长,要有献身于教育的事业心、正确的教育思想和勤奋踏实的工作作风,但要办出特色,校长还必须有自己独特的办学思想,可以说,学校的特色,就是校长办学思想的体现,这是学校能否办出特色的关键。没有一名优秀的办学思想很鲜明的校长,没有一支高水平的相关教师队伍,即使外部条件再好,也无法把学校办出特色来。因此,不是每一所学校都能办出特色的。新中国成立已近40年,办学条件比过去好多了,应该出更多的优秀校长,甚至出一些著名的教育家,让更多的学校办出特色来。事实上,新中国成立以来,以上海来说,有一批学校在办学上闯出了一些新路子,有一定的特色,虽然有的还不太成熟,但也有了一定的成就。可惜,随着校长的更替,师资队伍的一年年变化,特色也一步步消失了,这是一个值得深思的问题。今天,再次提出学校要办出特色时,希望记住这个教训,不要再出现这种情况。

　　"教学有特点"，就是教师个人的教学要有自己的特点。学校办学特色中讲到的"教风"，是学校教学工作的一种特色，讲的是整体的教学风格，是"共性"。这里所说的是教师个人的一种教学风格，讲的是"个性"。两者有联系，也有区别。学校教学工作的特色，离不开教师，有了教师出色的教学工作，才有可能形成教研组的"教风"，才能形成学校的"教风"，这是两者的联系。但学校的"教风"并不包容着每一个教师个人的某种教学特点。由于教师各人的科学文化素养不一样，各人的禀赋、才能不一样，各人的努力程度不一样，所以各人的具体教学风格也不尽相同。在学校整体的教学风格中，允许教师有个人的独特的教学风格，这是两者区别的地方。

　　教师的教学特点，含义是比较广泛的，有课堂教学方面，也有指导课外活动方面；有驾驭教材方面，也有处理作业方面；有教学方法、教学艺术方面，也有师生情谊、教学相长方面；有培养"尖子"学生方面，也有辅导学习困难学生方面，等等。教师如果在以上某一方面或几个方面工作出色，效果显著，并能长期坚持，积累出独特的教学经验，就可以称得上有某种教学特点。在上海这样的教师虽然有，但数量并不很多，在全国有影响、知名度比较高的则更少。这对上海这样一个经济、文化发达的大城市来说，是很不相称的。

　　人都是有上进心的，教师也是如此。绝大多数教师都是愿意发挥自己所长，贡献自己力量的。问题在于领导要去发现、去扶植，并加以总结、提高，尤其是天天与教师在一起的学校领导与熟悉这门学科教学业务的教研员。我们应该看到，在当前升学竞争十分激烈的情况下，教师要放手大胆地进行教学改革，创出自己的特色来是非常困难的，要冒在升学竞争中失败的风险。在这种情况下，如果学校领导不予支持，不为他"撑腰"，教师往往是不愿意去冒这种风险的。因此，要发挥教师潜在的教学改革的积极性，发挥教师个人的教学特长，使之形成自己的教学特色，就一定需要学校领导的支持、扶植、培养。学校领导要慧眼识人，善于发现教师中的"千里马"。并不是人人都能形成个人独特的教学风格，也不可能人人都有教学特色，所以第一位的工作应该去发现"种子"，并精心扶植。一种教学特色的形成，不是短时期能办到的，需要"十年磨一剑"的精神，花苦功夫长期坚持，学校领导对他们要倍加爱护，不仅在时间上、物质上提供条件，更需要在精神上给予鼓励，在业务上给予帮助。当他们有了初步成就的时候，要热诚地宣传介绍，总结经验,帮助提高。如果遇到有不同的意见,只要是属于学术方面的问题,完全可以在平等的基础上开展讨论。因为任何新生的事物,在刚诞生的时候,不可能是十全十美的,只要主流是好的,对不足之处,改了就好。我非常不赞成以个人的好恶来任意排斥别人的东西,也不赞成在属于学术范畴的问题上,搞"门户之见"。在这类问题上评判的标准只有两个:一是符合规律,有科学性;二是实际教学效果好,受到学生欢迎。凡是符合这两条的,都应重视。现在,不是教学特色太多,而是太少了,应该多多提倡"创教学特色"。

"学生有特长",就是要发展学生的个性,不是局限于"一技之长"。当然,学生会动手是一种长处,手艺灵巧更是一种长处,应该提倡。但事实上不可能要求学生人人都有"一技之长"。因此,这里说的特长,是指学生都应有健康的个性,每个学生的聪明才智都能得到生动活泼的、充分的发展。我曾听几位高校的同志讲,进入大学的学生,似乎个个都是一个模子里出来的,"万人一面",缺乏个性。这种情况不得不引起我们的思考。

影响学生个性发展的因素,可能是多方面的,但学校教育应该是主要的。俗话说"名师出高徒",可见"高徒"往往是"名师"教出来的。如果学校办学有特色,教学有特点,就不愁培养不出有个性、有特长的学生,而且不是个别几个,而是一批一批;不是偶尔出几个,而是年年有。当然,要使学生的个性得到健康的发展,还需给学生创设一些必要的条件,特别是要切切实实减轻学生过重的学业负担,要给学生比较充裕的自由支配时间,让他们利用这些时间,去阅读自己喜爱的书籍、杂志,参加自己喜爱的有益活动,多接触社会,多接触实际,从而增长知识,开阔思路,锻炼才干,发展个性。如果学生被"禁锢"在分数里,"捆绑"在考试上,那么,他们的个性是无法得到健康发展的,也不会成为有特长的人才。

综上所说,我认为:学校领导独特的办学思想,是学校有特色的灵魂和关键;教学有特点,是学校办学特色的中心内容和集中反映;学生有特长,是学校办学特色、教学特点的最终表现和最后结果。这就是"办学有特色,教学有特点,学生有特长"这三者之间的内在联系和相互关系。

1987 年

学校是在职教师进修提高的主要基地

一

在职的中小学教师进修提高有两个基地：一是市和区（县）教育学院或教师进修学校；二是教师所在的中学或小学。这两个基地各有各的功能，各有各的作用，它们之间是互相补充、互相促进的，缺一不可。中小学教师根据自身的需要，可以到市或区（县）的教育学院或教师进修学校，接受较系统的培训，学习科学文化专业知识，学习教育理论，并取得一定的学历资格。这种培训是十分必要的，是必不可少的。但这种培训是属于轮训性质，对一所学校来说，不可能全体教师在同一时期内都去参加，只能轮流参加。由于编制比较紧，参加轮训的教师不能脱产学习，只能一边担任学校教学任务，一边去接受培训，每星期约 2—3 个半天。而能参加轮训的人，毕竟是少数，且轮训的周期较长。因此，产生了一个问题：学校里大部分没有参加培训的教师的进修提高怎么办？在当前科学技术突飞猛进，教育改革日益深化，国家对教育质量的要求愈来愈高的情况下，教师的自我提高更是迫在眉睫。我们决不能让大多数教师浪费时光，坐等轮训。何况，按规定有些教师是不必参加轮训的，他们又该如何提高呢？因此，如何充分发挥中小学校这一教师进修提高基地的作用，就显得十分重要了。

以上所说的两个基地都重要，都应充分发挥它们的作用。但在这两个基地中，我认为中小学校这个基地，应成为主要基地，理由有以下几点。

1. 可以面向全体教师。无论老年、中年、青年；无论学历高低；无论职称高低，都可以不受限制，根据各自的需要，制定自我提高的规划，追求各人自我价值的实现。

2. 进修密切结合日常教育、教学工作，既可以提高自己的教学业务水平，又可以推进学校的教育改革。

3. 就地取材，能者为师，互帮互学，共同提高。这有利于形成良好的学术研究氛围，有利于树立良好的教风和校风。

总之，学校，既是广大教师从事教育工作的单位，又是每一个教师自我提高的"学校"；既是学生读书学习的学校，也是教师进修提高的"课堂"。在迫切需要提高师资素质的今天，千万不能只重视市区（县）两级教育进修机构的作用，而忽视中小学这个基地的作用。要充分认识到，中小学这个作为教师进修基地具有的不可取代的独特功能，并发挥其"主基地"的作用。

二

中小学这个在职教师进修提高的主要基地，需承担哪些任务，是值得讨论研究的。当然，它无法承担在职教师学历进修的任务，也无法承担学习系统教育理论和专业业务的任务，但学校对以下几项任务是义不容辞的。

1. 帮助教师树立正确的教育观念、教育思想。

教育思想是教师从事教育工作的指导思想，它直接决定教育行为的方向，关系到培养什么样的学生的大问题。如果教育思想不端正，方向错了，即使教师的专业业务水平再高，也不能培养出党和国家需要的人才，甚至对教育事业也可能带来极大的危害。许多不符合教育方针、违反教育规律的思想、观念和做法，往往是在学校工作中表现出来的，市区（县）的教育进修机构是难以针对这些问题有目的地培训的。只有在学校里，结合这些"活思想""活事例"，通过群众性的讨论，进行生动活泼的教育，才能更好地端正观念，提高认识，纠正做法。而且错误的思想、观念和做法，往往有一定的社会基础，会经常冒出来，今天解决了这些问题，明天又会冒出另一些问题。因此，必须长期坚持不懈地抓，才能彻底解决问题。

2. 进行师德教育，帮助教师树立"为人师表"的形象。

教师的一言一行都是学生的表率。对学生进行思想品德教育，既要"言教"，也要"身教"，而且"身教"重于"言教"。教师自身的形象对学生起着潜移默化的作用，师德的重要性是人所共知的。这项任务只有在学校里，不断地表扬先进，树立榜样,领导以身作则,起表率作用,才能形成人人当表率的良好风气。市区(县)教育进修机构是无法承担这项任务的。

3. 提高教师的教学能力。

市区(县)教育进修机构可以在专业业务方面和教育理论方面对教师进行培训,但无法直接承担提高教师教学能力的任务。教师的教学能力,只有结合日常的教育、教学实践,通过不断总结经验,长期锻炼才能有所提高,因此必须在学校里进行,必须由学校来承担这一任务。

这里所说的教学能力,最基本的是:(1)驾驭教材的能力,就是熟悉教学内容,能抓住教材中的重点、难点,找得出教材体系中的纵横联系。这一点,固然可以通过市区(县)教研员对教材的分析、讲解而有所认识,但如果不亲自实践,还不是自己的东西,只有自己反复实践,再加上有意识的总结、探索,才能化为自己的东西,才能成为自己的能力。因此,这不能单靠对教材的分析讲解来获得。(2)掌握教学要求的能力。教学要求是有层次的,认知领域方面有层次,技能、技巧方面也有层次。教师必须弄懂每一个层次之间的联系与区别,并针对自己所教学生的实际程度,恰如其分地施教。这项工作一定要在教学实践中探索,一定要在学校教研组或年级组内共同商讨,仅仅听教研员的布置是难以掌握的。事实上,现在学校人为拔高教学要求,从而加重学生的学业负担的现象,比比皆是。教学要求的掌握常常是通过练习题和考试题反映出来的,如何精选练习题,如何恰当地命题,就成为教师的一项教学基本功。练习题选得恰当可以达到既提高学习质量又不增加学生负担的目的;考试命题合适,可以正确地反映出学生的学习成绩是否符合规定的教学要求。教师要做到这一点,主要靠在实践中积累经验,靠校内同组教师之间的共同磋商。这项工作,市区(县)教学研究机构和教师进修机构是无法包办代替的。(3)研究学生的能力。过去我们的教学研究工作,往往是研究教材多,研究学生少;研究教法多,研究学法少。教师熟悉教材,固然重要,但如果仅仅熟悉教材,而不熟悉学生,不了解学生原有的学习基础、学习习惯和学习方法,是做不到从实际出发进行教学的。在教学要求掌握上出现偏高偏低、忽高忽低的情况,就是由于不了解学生造成的。何况教学活动是师生之间情感交流的活动,如果教师不接近学生,不了解学生,师生之间情感不沟通,甚至产生隔阂,这种教学活动效果是不会好的。因此,教师一定要对自己的教育对象,对自己的学生多研究、多了解。了解、研究学生,不妨从研究"两头"做起,即研究学习比较好的"尖子"学生和学习比较困难的学生。可以了解"尖子"学生是怎样成长的,他们的成长道路有什么特点,了解造成学习困难学生的原因是什么。教师对这些情况了解得愈详细,教学能力就愈强,对自己教学工作的帮助就愈大。此外,教学能力还包括教育科研能力、辅导课外活动能力等,这里不一一赘述了。总之,教师教学能力的培养和提高,只有以学校为基地来进行,这是中小学校领导不可推卸的责任,市区(县)教育进修机构是无法代替的。

<h2 style="text-align:center">三</h2>

在中小学主基地上,有效地提高师资素质的工作,我们称它为"自培"。这项"自培"工作,近几年来已积累了相当的经验,并取得了可喜的成果。把这些经验汇总起来,加以推广,对所有学校都有帮助,必将大大地有助于师资队伍质量的提高。下面,就如何发挥这个"主基地"的作用,讲一点个人的看法。

学校领导要有一个全面的"自培"规划,使师资队伍的进修提高有计划、有目的、有步骤地进行。规划的内容可以分类提出目标和要求:如学历达标方面,可以对未达标教师分批提出达标要求;对刚走上岗位的新教师的培养,可制订出"老带新""一帮一"的具体措施,落实到人,一帮到底;对中青年教师进修,可分期、分批提出各人自我进修提高的要求和办法;对骨干教师的进一步提高,可确定个人教改项目,进行科学研究等。这个规划可以因校而异,各校重点可以有所不同,时间可长可短(以三年一个周期为宜,每年有分步实施计划)。规划中要建立奖励制度,可以是单纯精神奖励,也可以是精神奖励与物质奖励相结合。这种激励机制对调动教师积极性是有好处的。规划一定要经过广大教师讨论,为广大教师所接受,规划中涉及的教师,要得到本人的同意,并化为他们的自觉行动。订规划前,学校领导一定要摸清本校师资的情况,对每个人的业务素养、教学能力、师德表现,以及每个人的长处、不足之处,都要心中明白。只有这样,制定的规划才是实事求是的,才能鼓励教师进修提高的积极性。

学校的"自培"工作一定要切合教师的实际。现在中小学在职教师中,绝大部分都是师范院校的毕业生,他们在读师范的时候,学了一点教育理论方面的知识,有一点教育理论基础;毕业以后,经过几年的工作锻炼,也积累了一点经验,有一点实践基础。他们的修养提高,是在这两个基础上起步的,不是从零开始。因此,这种"自培"工作应该是"缺什么补什么",应该从各人工作中存在的实际问题出发,去学知识,学理论,去寻找解决问题的"金钥匙"。不同学科,不同教师都有自己的"起点"和"切入口"。虽然这样做可能缺乏系统性,但是更实用,更见效。中小学教师都有阅读理解能力、自学能力,他们的进修提高应不同于在校学生,不宜过多地采用课堂讲授的形式,应以自学为主,带着问题读书、钻研。自学一定要自觉,但也必须辅以领导的督促、检查。学校可以建立一定的制度,经常交流自学的心得体会,奖励自学成功的教师。对能坚持自学,并取得自学成绩的教师,要郑重其事地加以表扬。学校还应提供自学条件:如尽可能少开会,让教师有时间多读一点书;多添置一些书籍报刊,提供教师阅读上的方便;开设针对性、时效性强的讲座,拓宽思路;召开学术性的研讨会,营造学术气氛;走出校门参观考察,增长见识,等等。总之,学校领导要采用多种形式,创设多种条件,在校内形成一种好学上进、自学成才的好风气、好舆论,使学校真正成为本校教师进修提高的主基地。

开展教育科学研究是提高教师素质的一个重要方面。在中小学开展教育科学研究,可以因校而异,因人而异。研究的题目可大可小,可以从全校教育改革的整体出发,也可以从某一门学科或某一项具体工作出发确定,课题研究的形式可以多种多样,可以是一个人单独研究,也可以是几个人合作研究,甚至可以跨学校联合研究。研究的方法可以是正规的,也可以是"原始"的,"经验型"的。不论何种形式,只要能开展研究就是好事,若能坚持下去,必会得益。

中小学教师参加教育科学研究,对自身素质的提高大有好处。据我的观察,教师进入科研角色的前后,基本上有四个"不一样"。一是思想境界不一样。搞科研的教师一般都具有较强烈的改革意识,不满足于自己目前的教学水平和已经取得的教学成果,也不易为"统考""升学率"这一套做法所束缚,而是努力思索,力求去发现在教育、教学工作中客观存在的问题,潜心去研究解决这些问题的途径和方法,具有较强的探索精神。二是理论素养不一样。搞科研的教师一般都比较重视理论学习,有自学计划,也能注意从一定的理论高度去观察、分析问题,并提出自己的观点和见解。三是情报意识不一样。搞科研的教师往往会主动去阅读有关的书刊,关心了解国内外教改动态,并注意有关信息的收集、整理,因而看问题有一定的深度,思想也比较活跃。四是工作方法不一样。搞科研的教师都比较重视调查研究,了解事情的来龙去脉,讲究科学分析,重视效果评价,因而提高了自身的工作效率。以上四个"不一样"是我个人的概括,不一定完整,但不管怎样,凡是搞科研的教师,自身的素质都有较明显的提高。教师搞了教育科研,激发了自己的求知欲和进取心,看到了自身的价值,认识到教学生涯不再是单调枯燥的"荒丘",而是一片生机盎然的"乐土"。

但是搞教育科研难免会冒一定的风险。任何开创性的研究工作都有失败的可能,自然科学是这样,社会科学也是这样,教育科研也不例外。既然有失败的可能,就会产生种种思想上的顾虑。教师中常常会产生"值得不值得"的想法,大量精力、时间投入下去,万一失败了,出不了成果,会不会受到同行们的讥讽,会不会受到学生和家长的责难,会不会受到领导的批评,甚至影响自己的评级晋级。再加上教学任务重,应付日常教学任务已感到精力和时间不够,很少有余力搞科研。因此,在学校里开展教育科研确有一定的难度。但如果领导上思想坚定,教师中总会有积极分子愿意当科研的"志愿军"的。有了"志愿军"带头,局面就会一步一步打开。重要的是学校领导要积极投入,带领一批教师进行课题研究,亲自去尝一尝教育科研这个"梨子"的味道。同时学校领导还要在精神上、物质上积极创造条件,积极支持搞科研的教师。凡是已有研究成果的,即使是初步的,也要满腔热情地加以表扬和鼓励。既然已认识到教师搞教育科研是提高自身素质的一条重要途径,就要千方百计在"主基地"内把这项工作开展起来。

最后,要做好评价工作。评价是学校管理工作中的一个环节,它不仅能鉴别效果,而且具有激励作用和导向作用。对教师的自我进修提高,对教师的工作成绩,如果评价得及时和恰当,就能促进教师加倍努力地向正确方向前进。如果评价标准出了偏差,就会产生错误的导向。师资队伍建设中的评价标准问题,是与学校领导的办学思想密切相关的,如果在办学思想上把"升学率""得奖率"作为"命根",以"分数"论英雄,以"得奖"多少评高下,就会严重挫伤教师追求全面发展教育的积极性,也会严重挫伤教师自我进修提高的积极性,这样的学校也就难以做到把教师队伍的提高放在重要位置上。因此,要抓好师资队伍建设,充分发挥这个"主基地"的作用,就必须研究评价标准。在评价的方法上,要抓总结性评价,不少学校一年一度对教师的考核,就是一种总结性评价。但这种评价间隔时间太长,不利于及时发现问题、解决问题,因此我主张多采用形成性评价。现在有少数学校,让教师自我诊断(分析自己的优点、缺点,长处、短处,找出自己身上的薄弱环节),自订目标(找到了薄弱环节后,提出奋斗目标和措施),自我调节(在克服薄弱环节的过程中,不断地听取各方面反映,及时纠正,及时改进),自我评价(对自己的进步和工作上的成绩,作出自我鉴定),在"四自"过程中,让教师自己去聘请别的教师,作为自己的"顾问",帮助自己发现问题,改进工作。这种"四自"做法,效果明显,是教师自我进修提高的有效途径,是符合知识分子特点的,各校可以借鉴。把总结性评价与形成性评价结合起来,构成一个评价系统,可以使教师队伍建设得以健康发展。

1988 年

"首位"与"中心"都必须坚持

"德育为首"与"教学为中心",两者之间是怎么样的关系?这个问题必须弄清楚,否则,学校教育工作会产生混乱。

"德育为首"与"教育为中心",并不是一对逻辑上的相对概念,也不是同一个逻辑层次上的概念。"德育为首",就是在全面发展教育中,把培养学生正确的政治方向和高尚的思想情操放在首位,是相对于"智育第一"而言的。"教学为中心",就是学校一切工作,要以教学为中心,是相对于学校的其他工作,如人事、财务、后勤等工作而言的。

"德育为首"是我们学校的社会主义性质决定的,是我们的培养目标决定的。它之所以为首位,不在于它必须比其他的几个"育"有更多的教学内容,也不在于比其他几个"育"占有更多的教学时间,而是要求我们把"育人"放在第一位,始终把握牢培养学生的政治理想和道德素养的大方向。

"教学为中心"是我们学校的基本社会职能决定的。因为学校的一切教育活动,都是以"教学"这一特定的形式加以组织和进行的。这里所说的"教学",既包括课堂教学,也包括课外活动。在学校里,教师的主要任务是教育学生,学生的主要任务是学习。德、智、体、美、劳五育,都是通过教师的教与学生的学进行的。"教"与"学"是学校教育活动的主要形式,学校里其他工作都必须服从和服务于教学工作。

由此可见,"德育为首"和"教学为中心",一个是由学校的性质决定的,一个是由学校的职能决定的,因此都必须坚持。

事实上,新中国成立以来在中小学学校工作中,这两者时常会出现一些偏差,强调了一个侧面就忽视了另一个侧面。"文革"以前,对学生的政治思想,道德品质教育是重视的,效果基本上是好的。由于受到"左"的干扰和影响,有一段时期,学校里学生的政治活动和社会活动过多,教学工作的位置没有摆好,出现了"忙乱现象",影响了学校的正常教学秩序。"文革"期间,政治冲击教育,学校教学工作受到极大的破坏,德育工作也受到极大破坏,坑害了一代人,属于不正常的特殊情况。"文革"以后,学校教育开始恢复和发展,教学秩序恢复了正常。但有一段时间,由于受到片面追求升学率的影响,强调"智育第一";加上社会上在一定程度上滋长着"一切向钱看""享乐主义"思想,学校工作中削弱了学生的政治思想教育,德育被忽视了。针对这种情况就提出了"德育首位"的口号。

中小学的德育工作,主要有两种形态:一种是纳入课程计划中的,如中学的政治理论课,小学的思想品德课,班级活动和团队活动以及社会实践活动;另一种是渗透在各学科教学内容中和被称为"隐性课程"的校园文化中的。当然,这两种形态之间并没有严格的界线。加强德育,就是要加强这两种形态的德育工作。

纳入课程计划的德育,是学校德育工作的主要阵地,加强德育,就是要发挥这个"主阵地"的作用。政治课主要是讲授马列主义、毛泽东思想,宣传党的有关方针政策,传授有关社会、法律知识,它着重在讲道理,明是非,解决学生的思想认识问题。班、团队活动主要是培养学生的自治、自理能力,是一种群众教育群众的自我教育。实践活动主要是以社会为"大课堂",让学生通过接触社会、接触实际来接受教育,是运用社会力量对学生进行的思想教育。这三者各有各的功能,是相互配合、相互补充的。

至于渗透在各科教学中的德育和学校的校园文化,是起到一种潜移默化的作用,这也是学校德育工作中不可缺少的一个方面。加强德育不仅不能忽视这个方面,而且要加强。各科都渗透德育,就发挥了全体教师的作用;良好的校园文化能造成一种群众舆论,对学生的道德面貌起着"润物细无声"的独特作用。

加强德育,把德育放在首位,并不意味着增加德育的教学时间,也不意味着增加教学内容。关键在于提高它的实效性,让学生的政治觉悟、思想认识、道德品质得到切实、有效的提高。要提高德育工作的实效性,关键又在于加强它的针对性。没有针对性,也就不可能有实效性。因此,核心问题还在于针对性。当前学校德育工作的薄弱环节就在这个问题上。现在,每所学校都安排了政治课,都有班、团队活动,都开展了社会实践活动,从时间上来说,都是保证的。问题是这些课,这些活动质量不高,缺乏针对性,不能解决学生思想认识上和道德行为上的问题。搞形式主义,"走过场",教育效果当然差了。有的学校为了弥补这种不足,又采取增加活动时间的办法,于是就产生了"冲击"正常教学秩序的问题,产生了所谓加强德育与"教学为中心"的矛盾。

德育工作要强调三个针对性:一是针对不同年龄段的学生。从小学到初中,从初中到高中,年龄跨度 12 年,从儿童到少年到青年,他们的文化知识基础、心理承受能力、生活经历等各不相同,因此,教育内容、教育要求和教育方法都应有所区别,要分层次提出要求,显示出一定的梯度。例如,进行爱国主义教育,要从具体到抽象,从爱父母,爱老师,爱同学,爱学校讲起,逐步发展到爱家乡,爱人民,爱祖国,爱共产党,爱社会主义,一步一步深化。千万不能对小学生讲一番"大道理",空喊爱国,一定要把爱国主义教育落实到行动上。二是针对学生思想上、认识上存在的问题。德育就是要解决学生的认识问题,提高觉悟。因此,我们必须经常分析学生的思想倾向,抓活思想,通过摆事实、讲道理的办法,有的放矢地解决问题。千万不能把政治课变成为了应付考试而"讲条条""背条条";不能把班、团队活动和社会实践活动变成"凑热闹",搞"形式主义"。三是针对学生道德行为上存在的问题。德育的一条重要原则是"知行合一""言行一致"。既要重视讲道理,诸如"应该怎样做人?""怎样做一个正直的人?"等一类问题,教师对学生要晓之以理,为良好的道德行为打下认知基础。也要加强行为训练,纠正学生中的不良行为和习惯。这种行为训练,要反复进行。许多经验证明,树立良好的行为习惯,纠正不良的行为习惯,都得花力气,反复抓,抓反复。如果只讲道理,不抓行为训练,很容易在学生中造成"口头上的巨人,行动上的矮子"。总之,德育工作一定要有针对性,只有加强了针对性,才能有利于提高德育的实效性,才能真正体现出把德育放在首位。

至于各科教学渗透德育的问题,关键在于各科教师有没有"育人"意识,能不能做到"管教管导"。要使教学渗透德育,必须做到"五个有":一是"有意",即有意识渗透,教师要有自觉性;二是"有机",即要有机结合本学科的教学内容进行,不牵强附会;三是"有序",即要从学生原有认识基础出发,循序渐进,由浅入深地进行;四是"有情",即教师要满腔热情地去感染学生,要动之以情,以情感人;五是"有效",不搞花架子,不搞形式主义,实事求是。各科教师能做到这"五个有",就可以说真正做到了德智渗透,做到了各科教学的教育性。

营造校园文化氛围,关键是学校领导。不是简单地挂几条标语,提几句口号,或是布置一些图片,种植几枝花木,摆设几盆花卉等,而是树立一种精神,创设一种风气,也就是校风。学校的校风往往是由教师的教风与学生的学风组成的。而学生的学风又往往是受教师教风的影响。如果一所学校教师的教风是严谨而朴实的,那么学生的学风也一定会严谨而朴实。如果教师的师德是高尚的,是充满着一片爱心,那么在学生中也会培育起爱的种子,相互关心,相互友爱,"人人为我,我为人人"。因此,校园文化,不是热热闹闹搞几次"校园文化节"就能奏效的。

综上所述,中小学要加强德育,把德育放在首位,主要是要加强政治课,班、团队和实践活动这一类德育课程的教育针对性;要提高各科教师在教学中渗透德育的自觉性;要通过教师的教风影响学生的学风,从而树立起学校的校风。而以上这些都是以教学形式来进行的,可见加强德育、把德育放在首位,与学校工作以教学为中心,两者是一致的,都必须坚持。

1989 年

对上海市中小学课程改革方案的认识

上海市中小学课程教材改革委员会,经过大量的调查研究,几经修改,制订了中小学课程改革方案。目前正在着手编写教材,即将在市内先试点使用,再逐步推广。这是新中国成立以来,基础教育的一次大改革,比新中国成立以来历次课程改革,变化更大,更彻底,它将深刻地影响着下一代人的素质,可以说是一项跨世纪的工程。这个改革方案得到了国家教委的赞扬和肯定。我是自始至终参与设计和拟定方案的,下面就谈谈个人的一些认识。

一

课程改革方案,是在调查研究的基础上拟定的。这项调查工作持续了半年以上,工作量是很大的。调查工作,基本上可以归纳为三个方面。

1. 分析了新中国成立以来历次课程改革的情况。从 1952 年以来,我国中小学课程设置有过几次变动,每次变动在当时都是有积极意义的,是有利于学生打下比较扎实的科学文化基础的。但由于指导思想不明确,每次变动都没有突破"升学模式"开设的课程是清一色的必修课,小学、初中、高中均自成课程体系,都是为升入高一级学校服务。周课时太多,学生自由支配的时间太少,不利于学生的个性发展。不少学科教学内容多,要求高,程度深,有不少不必要的重复,造成学生学业负担过重,身心得不到健康的发展。虽然也曾试图"把课程砍掉一半",但方案尚未制订,"文革"就开始了,教育遭到彻底破坏。"文革"以后,课程基本上没有什么大变化,即使有些小改革,也都是属于拨乱反正性质,没有实质性的变化。

2. 调查了国外课程改革的一些做法。这种调查实际上是翻阅资料,从资料中认识到，当前基础教育改革的核心问题是课程教材改革。无论是美国、德国或是日本、新加坡，虽然东西方文化传统不一样，各国课程改革的做法也不尽相同，但把课程改革作为基础教育改革的突破口是一致的。美国一贯强调发展学生个性，重视动手能力的培养，中学开设了许多选修课，供学生自由选读，学生的知识面比较宽。杨振宁博士曾对中美两国的基础教育作过一个比较。他认为，美国教育的长处是发挥学生的个性，重视动手能力，短处是忽视基础知识和基本技能的培养与训练；中国教育的长处是重视打好科学文化的基础，而且打得比较扎实，短处是忽视动手能力的培养，学生的学习负担较重，自由支配时间较少，不利于学生个性发展。德国（主要是联邦德国）经济之所以发展得比较快，重要原因之一是职业教育质量比较高，而且普职渗透搞得比较好，可以说是"职业教育起家"的，而且他们小学四年级就开始"分流"，早期开设选修课。新加坡的早期"分流"也是从小学四年级开始的。这种"分流"的做法是因材施教在课程设置上的一种体现。至于日本，对基础教育一直十分重视，升学竞争非常激烈，学生的学业负担也很重，现在改革的趋势，似乎在探索"多样化""灵活性"的做法，全国搞了许多"实验点"，进行探索。从这些国家的做法可以看到，基础教育改革的重点是课程改革。目前似乎有这样一种趋势：在课程设置方面，原来强调集中统一的国家，现在都开始多样化了；原来是分散的，全国不搞统一模式的，现在开始强调集中统一了。在教学内容方面，原来重视基础理论的，现在强调实践应用；原来注重应用性的，现在重视基础理论。以上这些信息，虽然还不够全面、系统，但基本上可以捕捉到一种倾向，值得我们借鉴。

3. 广泛听取了学校领导和教师对现行课程教材的意见。我们收集了不少意见，这些意见中虽然有不一致的，但绝大多数是相同的。对现行课程设置和教材的弊端，归纳起来大致有下面几个方面。(1)办学模式单一。不管地区文化、经济的差异，都实行一套教育计划，采用一套教学大纲，使用一套教材，这种做法不从实际出发，把学校"统"死了。(2)课程设置以升学为中心。小学、初中、高中自成体系，各科教学内容都是为高一级学校服务，清一色的必修课，忽视学生的个性发展。(3)教材内容重理论，轻应用；重知识，轻实践。内容多，要求高，学生学业负担过重。(4)重智轻德，重理轻文，忽视劳动教育和艺术教育，严重影响学生全面素质的提高。调查中,广大教师还对各学科的教学内容提了不少意见,这里就不介绍了。

通过上述三方面的调查研究,对现行课程设置上的问题比较清楚了,也了解到国际上对基础教育改革的基本倾向,对当前课程改革的重要性和必要性有了进一步的认识。在此基础上着手设计新的课程改革方案,就有了较好的思想基础。

二

新的课程改革方案,有许多新的特点,懂得这些特点,就掌握了新方案的基本精神。下面讲讲我的认识。

1. 关于"三角形理论"

所谓"三角形理论",是指这套课程改革方案,是以社会需求、学科体系和学生发展为三个基点,以提高学生素质为核心的新体制、新结构。如果把这三个基点构成一个三角形,素质就是这个三角形的重心。称之为"三角形理论",是一种形象化的说法。这一理论就是这套方案的教育学模型,也是这套方案的指导思想和理论基础。

"社会需求",就是我国社会主义建设对人才素质的要求。这里需要注意的是,这种需求是"面向未来"的,眼光要看得远,不是今天需要什么,就设什么课程。这种需求是建设社会主义的需求,着眼于人的政治方向和科学技术的水平,不是没有政治头脑,技术水平低下的庸碌之徒。这种需求又是立足于上海地区和沿海经济发达地区的(这套方案是供上海地区和沿海经济发达地区用的),起点比较高,步子比较快。这就是"社会需求"的全部含义。

"学科体系",讲得完整一点就是"学科体系发展的需求"。人类的科学文化总是不断地向前发展着,基础教育培养出来的人,不但要适应科学文化的发展,而且要不断地推动科学文化的发展。因此,课程设计时,不但要考虑有利于学生打好必要的科学文化基础知识和基本技能,而且要给学生充实一定的现代新科学、新技术的知识。这就要求对教学内容进行必要的精简,补充,但又不能走"以学科为中心"的老路。既不能一味追求学科体系的系统性、完整性,而忽视知识的实际应用和知识的更新;又不能只考虑知识的更新而忽视了必要的知识系统性。这是一个难题,世界各国都在探索这个难题。我们现在各教材编写组正在研究这个问题,力求走出一条新的路子,编出具有新体系的新教材。

"学生发展",就是需要让学生充分发展自己健康的个性。旧的课程设置把课时排得满满的,而且又是清一色的必修课,极少考虑让学生发展自己的个性。这次方案中开设了选修课,增加了课外活动时间,而且压缩了周课时和每天的课时数,这样就给学生留有较充裕的自由活动时间,为发展个性赢得了时间,创造了条件。

以上三方面的需求有机结合起来而构成的课程体系,是不同于"以学科为中心"和"以儿童为中心"的课程体系的,这样的课程体系,有利于提高学生的全面素质。

有人提出,"三角形理论"的说法不确切。理由是,社会需求、学科体系发展的需求以及学生发展的需求,都是随着不同的时期,有所侧重。某个时期考虑某方面多一些,另一个时期考虑另一方面多一点;而且小学,初中、高中不同的年龄段,这三方面的需求也有不同的侧重点,这些不同的侧重点,必然影响到课程的结构。把这三个方面以"点"来表示,由于"点"没有长度,也没有宽度,无法表达不同的侧重点,因而建议以三个"面"来表示,用"面"的大小表达不同的侧重点,似乎更确切一些。因此,不是一个平面的三角形,而是一个立体的三棱柱。这种意见是可以参考的。

2. 关于"三个板块"的结构

"三个板块"是指这一课程改革方案是由必修课、选修课和课外活动"三个板块"组合起来的一种结构模式,这是一种形象化的比喻。其实,必修课、选修课和课外活动三者之间有着内在的联系,并不是相互不联系的"三块板"。

必修课、选修课、课外活动这三种课程如果孤立起来看,并不是新的。必修课和课外活动在过去的课程设置里早已存在,选修课也不是一种新的课程,历来就有。但把这三者合理地组合起来,并且随着年级的升高,必修与选修的时间比例有所变化,课外活动时间比重有所增加,这样的课程结构是有新意的,可以说是一种创举,是这次课程改革方案的一个特点。另外,鉴于上海已全部普及九年义务教育,所以新方案中将初中的必修课和小学的必修课,在教学内容上联成了一体,不再分别自成体系,组成了九年一贯的新的必修课课程体系。这样就可以精简课时,减少不必要的重复,有利于减轻学生过重的学业负担。这是新方案的又一个特点。

必修课、选修课和课外活动这三种课程,在提高学生的全面素质方面,各自起着不同的作用。必修课对打好学生的知识基础,培养能力,发展智力方面的作用是不言而喻的。选修课和课外活动,在扩大学生视野,开拓学生思路,施展学生才能,发展学生个性等方面,起着必修课所无法代替的作用。三者如何有机地结合,是实施这个新方案的一个关键问题。要解决好这个问题,就要研究一下中学生,特别是一个高中学生,必须具备怎样的知识结构和能力结构,也就是应具有怎样的知识广度和知识深度,应具备哪几种基本能力。对这个问题心中有数,就可以安排开设选修课,就可以有意识地去指导学生选择选修课,指导学生参加课外活动,从而减少盲目性。这是实施这个方案的一项研究课题,希望试点学校在这方面摸索出一些经验来。

3. 关于"三线一面"的德育体系

所谓"三线",是指课程中的政治课(包括思想品德课、晨会与形势教育课),班、团队活动和社会实践活动这"三条线"。所谓"一面",是指各门学科教学都要渗透德育以及校园文化建设(也有人认为是两个面而不是一个面)。

"三条线"是实施德育的主阵地。加强德育,就是体现加强这"三条线"的工作,充分发挥这三方面各自的功能。

政治课是进行马列主义、毛泽东思想教育,宣传党的方针政策,讲授必要的社会、法律常识的主要阵地,以提高学生的政治觉悟,懂得做人的道理,树立正确的人生观、价值观为主要目的。其方式方法是以课堂教学为主,以教师的讲授为主。这是主阵地中的主阵地,必须大力加强。

班、团队活动是一种群众的自我教育活动,是在教师和团队组织的指导下,由学生自己作主,自己组织,通过群众性的讨论、辩论等形式,明辨是非,激励先进。也是培养学生自治、自理能力的一种好办法。

社会实践活动是让学生直接接触社会,以社会为大课堂,运用社会力量,对学生进行教育,是使学生扩大视野,鉴别是非、真伪,提高社会责任感的有效手段。

这"三条线"各有各的功能,各有各的活动方式,缺一不可。但是,它们不是各自为政、互不相干的,它们之间应该要形成合力,在一定时间内(如一个学期或几个星期),针对学生的思想,各自发挥自己的作用,"集中优势兵力"解决学生的某些认识问题,或是行为上的问题。因此,"三条线"是互相补充、互相促进的。德育工作要取得实效,就要使这"三条线"形成合力,针对学生在认识上、行为上存在的问题,有的放矢地进行教育。没有针对性也就没有实效性。

"一个面"是各科教学渗透德育。它又包括两方面:结合各科教学内容渗透科学世界观教育和在教学过程中加强学习态度和道德行为教育。这就要求教师要有意识、有计划地发掘教材中内在的德育因素,并且时刻关心学生的学习行为,随时端正学生的学习态度。要求教师人人都成为德育工作者。校园文化是一种"隐性教育",关键在于学校领导要依靠全体教师,借用学生中的骨干力量,逐步建立起良好的校风,营造一种正确的舆论。

课程改革方案中提出的"三线一面",对学校的德育工作提出了更高的要求,做到了这一点,是真正把德育放在首位了。这是新的课程改革方案的又一特点。

4. 关于"二一分段,高三分流"的问题

"二一分段,高三分流"是指在高一高二两年的时间内,通过必修课、选修课和课外活动,学生在接受了高中阶段的基础教育,以及在个性、特长方面有所发展的基础上,在高三年级实行分流,分文科、理科和实科三类。这样做的目的是让高中学生及早选定自己的努力方向,或是做好升学的准备,或是做好就业的准备,这既符合普通高中具有"双重任务"的性质,又改变了过去高中毕业生既不能升学也由于缺乏最基本的职业训练而不能就业的不正常情况。"二一分段,高三分流"的课程设置,在我国还是第一次,可以说这是一个新的突破。搞得成功可以解决基础教育与职业教育的相互渗透问题,也是找到了普通高中实现"双重任务"的一种办学模式。这值得认真试行、推广。

"分流"的关键在于指导,课程改革方案中特别开设了一门新的课程:职业导向课,从高一年级一直到高三年级。这门课的内容,就是向学生介绍当前各行各业的基本情况,介绍这些行业需要怎样素质的人才,使学生能对照自己有所了解,有所选择。要切切实实地做好"导向"工作,就要了解每一个学生的情况,只有对学生的情况有了了解，在指导时，才能避免误导。职业导向课是一门新开设的课，在国外有些国家有经验，我国还是第一次开设，没有经验，希望在试点学校里摸索、积累这方面的经验。

这里有个问题可以商榷，就是从哪一个年级起开始分流？是高三还是高二？是高二上学期还是高二下学期？因为分流的一个依据，就是承认人与人之间客观存在的差异。有差异，就不能"一刀切"，就要在这个差异基础上因材施教，因势利导。因此，一律从高三分流还是因人而异，区别对待，就值得讨论研究了。

5. 关于"形低实高，以低求高"的提法

在制订课程改革方案、讨论课程标准和教材编写原则时，碰到了一个问题：为了给学生留有比较充裕的自由支配时间，每周总课时数要压缩，而开设选修课要有课时，课外活动增加又要课时，这些课时从哪里来？来源只有一个，就是砍掉一些必修课的课时。学科的课时数减少了，教材的内容就得精简，某些教学要求就得降低，但教学质量又不能降低，何况课程改革方案是适用于沿海经济发达地区的，教育质量的要求要比其他地区高。既要提高教育质量，又要精简内容，降低教学要求，有人说这是"既要马儿好，又要马儿不吃草"，难办！于是就有了所谓"低"与"高"的问题。"形低实高，以低求高"的说法就是针对这种情况说的。

"形低实高，以低求高"的意思是非常辩证的。这里所说的"低"是指学科教学中某些原来是过高要求的内容降低了；这里所说的"高"是指通过方案的全面实施，最终结果是学生的全面素质提高。说得更具体一点，就是从形式上看，从局部来看，某些学科的教学要求降低了，但从实质上看，从全局来看，学生的全面素质得到了提高，这就是所谓"形低实高"。从另一角度来看，只有精简了某些学科的教学内容，降低了某些学科的教学要求，才能增设选修课，才能增加课外活动，才能使学生获得生动活泼主动的发展，才能使学生的个性得到发展，素质得到全面的提高，这就是所谓"以低求高"。我认为在实施这个方案时，一定要向教师讲清楚这个辩证的道理，取得认识上的统一，这是非常重要的。

课程改革方案中还有其他一些特点，如九年义务教育阶段的低年级（即小学的一、二年级），采取避开语文、数学两门重要学科学习高峰重叠的做法；在义务教育的低中年级，采用大小课结合的形式；在义务教育的高年级设置综合学科，即综合理科和综合社会学科,并提出综合型设课和分科型设课两个方案,供学校选择,等等,在这里就不一一讲了。

三

最后,根据我个人的认识,讲一点关于实施这个方案需要注意的问题。

1. 要解放思想,转变观念

这次课程改革是新中国成立以来改革力度最大的一次,许多方面突破了传统的观念和传统的做法。如果思想不解放,观念不转变,在实施过程中,方案的精神会扭曲,改革措施会走样,因此必须做好思想观念的转变工作。

在转变观念问题上,要弄清楚这几个问题:(1)什么是素质教育?为什么要提出素质教育?(2)素质教育与传统的"升学模式"教育有哪些主要的区别?(3)现行课程教材的主要弊端是什么?为什么说是弊端?(4)新的改革方案的要点有哪些?为什么要这样改?等等。这种转变工作首先是从学校领导班子开始的,其次才是全体教师。而且这种转变工作是长期的,要贯彻在方案实施的全过程,不能开始时抓一抓,以后就放松了。

方案本身还属于一种构想,还没有经过实践的检验,其正确性、可行性还有待于在实践中证明。因此,我们在实施过程中要解放思想,既要保持方案的改革精神,又可以在某些具体环节上创造性地修正方案,把原则性与灵活性结合起来。

2. 要抓师资队伍建设

课程改革必然带来教材的改革。许多学科的教材体系都有比较大的变动,内容既有精简又有充实,充实的大多是新知识。在教学要求上,过去某些过高要求降低了,但又增添了一些过去没有的教学要求。这些变动对教师来说,增加了教学工作的难度。而且教师还要承担选修课的教学任务,而这些选修课对多数教师来说,过去是没有教过的,比较陌生。此外,还要辅导学生的课外活动。这样,教师身上的担子重了,肩上的压力大了,必然会出现不适应的情况。因此,必须及早抓好师资的培训工作。除了领会"方案"的精神,转变教学观念之外,我认为重要的是做好两方面工作。一是尽可能让教师扩大自己的知识领域,使每一个教师做到既能教一门必修课,又能承担一门以上的选修课,还能负责指导学生至少一个项目的课外活动,也就是使教师向"一专多能"型方向发展。二是让教师积极改进工作方法。要求教师要了解学生,熟悉学生的思想状况,熟悉学生的心理特点,真正做到"人人是德育工作者";要求教师大胆地改革教学方法,提高教学效果,让学生学得更扎实、更灵活;要求班主任积极改进班主任工作方法,少一点包办,让学生有更多的独立自主的活动机会,以锻炼组织才能和活动才能。

3. 改进对教育、教学工作的管理

课程改革必然会带来学校管理工作的改革,尤其是教育、教学工作的管理,一定要有所改进。如"三个板块"如何结合,怎样指导学生选择选修课,特别是对学生的全面素质评价标准如何定,评价方法如何选择,以及如何建立跳级、免试等制度以鼓励有特殊才能的学生等,都需要加强研究。过去在"应试教育"下的一套考试、测验办法应该怎样改革,招生选拔制度如何改革等,也是迫切需要解决的问题。如果招生办法不改,可以说这套课程改革方案是难以实施的。现在已经有人提出问题:是课程改革适应招生办法,还是招生办法适应课程改革? 可见,管理工作一定要跟上,管理工作跟不上,课程改革就缺少行政保证。

4. 充实教学设施,改善教学条件

目前正在编写的各科新教材,由于改革步子比较大,在实际教学工作中,不能再靠"黑板加粉笔",必须创设现代化的教学条件,以提高教学效果。尤其是新开设的选修课,更需要有相应的仪器设备、电化教具、图书资料来配合,还要有相当数量的专用教室和一定面积的活动场地。由于目前教育经费和校舍有限,这些必要的"硬件",只能一步一步来配备。但我们不能只着眼在这些"硬件"上,重要的还是转变思想观念,提高改革积极性,以及教师队伍的充实和提高。一句话,精神因素和人的因素是第一位的。

1990 年

加强中小学校长队伍建设的几点思考

最近碰见两位校长,问我两个问题,引起我的一些思考。一个问题是:为什么在政府有关部门的文件或工作计划中,只提"师资队伍建设",不提"校长队伍建设"? 校长队伍是否包括在师资队伍中? 另一个问题是:为什么校长没有自己的职称系列? 评职称只能列入教师职称系列? 有些一辈子从事教育工作,而且办学成绩很突出的老校长,就是由于不能评教师职称而没有评上职称遗憾终身。也有些校长为了不愿意占了教师职称的名额而放弃自己的职称。

这两个问题都涉及一点:中小学校长究竟是属于教师还是属于干部? 如果是属于教师,那么为什么又是干部编制,隶属于干部管辖范围内? 如果是属于干部,那么为什么又可以按教师职称系列来评职称? 中小学校长究竟是怎样的一种角色,处于怎样的地位? 由此我联想到,怎样让这支队伍成长壮大起来,以及对这支队伍该怎样来管理,等等。

一、对中小学校长角色地位的分析

顾名思义,校长是一校之长,是掌握学校命脉的人,是办好学校的关键人物,这些道理人人都懂。但实际工作中,我们是否把校长看成这样的角色,放在这样的地位上,并给予相应的权利和义务,是值得研究的。

在我国,中小学校长一般都是由上级政府部门委任的。记得 1956 年我任华东师范大学附属中学校长时,任命书上盖的是陈毅市长的签名章(以后也有由市教育局任命的)。可见,校长是属于国家干部,是受政府部门委托管理一所学校的,所以应该具备政府部门干部的基本素质,享受相应一级行政干部的待遇。但校长从事的是学校教育的领导工作,有其特殊的性质,校长要把握一所学校正确的办学方向,规划学校的办学目标,这就要求校长比一般行政干部具有更正确鲜明的办学思想。校长要领导学校的教育改革,这就要求校长懂得教育理论,懂得怎样进行教育科学研究;懂得教育心理学,懂得青少年的心理特点和成长规律。因此,校长应该比一般行政干部更知识化和专业化。校长是学校教师的"总领班",要成天与教师打交道,调动教师的积极性,因此要懂得并掌握知识分子政策;同时,校长是学校的法人代表,党和国家的有关政策法令,都是通过校长在学校里贯彻执行的,因此校长应比一般干部更具有政策水平。在当前,校长还要千方百计为学校在经济上创收,因而又要具备一点经营意识和公关能力。由此看来,校长应具有更高的专业水平和政策水平,因而其权利和义务应区别于一般行政干部。事实上,学校办好办坏,都是与校长的素质、水平密切有关的。

从另一方面看,校长又都是教师。50 年代曾有一些复员转业干部来学校当校长,出现了所谓"外行领导内行"的问题。现在这种现象没有了。在任的校长,可以说都是当过教师的,而且都是教师中的佼佼者。他们熟悉教育教学业务,有相当的教育教学经验,不是"外行"。当了校长,就担负着比当一名教师更大的责任,单凭当教师时的"老本钱"就不够用了。校长的事业心应比教师更强;校长的教育思想和教学观点应比教师更正确;校长是学校改革的领路人,教育改革意识应比教师更强烈;校长是管理学校的核心人物,要比教师更懂得管理知识,懂得管理规律;校长是学校的总代表,要与方方面面打交道,应具备比教师更强的政策水平和交际能力。可见,校长虽出身于教师,但应比教师负有更大的责任,担当更重要的角色,因而党和人民对校长的要求也就更高了,其权利和义务都应区别于一般教师。

由此看来,中小学校长不是一般的机关行政干部,更不是普通的教师。

由此看来,中小学校长应该是具有正确教育思想和教育理论修养,又有学校管理专门知识的教育行家。不应再算作教师,不宜归纳到教师队伍中去。如果从隶属关系来说,是属于干部范围,但也不同于一般公务员。校长就是校长,应有校长自己的队伍。

二、对中小学校长成长过程的认识

怎样成为一名优秀的校长,甚至是称得上教育家的校长,这个成长过程是否有规律,似乎还没有看到过有关资料,更没有看到过这方面的研究成果。但校长的成长是有过程的,这是许多经验证明的。

从不是校长到走上校长的岗位,总有一个适应阶段。这个阶段有长有短。如果是从教导主任岗位提拔上来的,可能适应阶段短一点,如果是从教研组长或是年级组长提拔上来的,可能适应阶段长一点。在这个适应阶段中,主要是了解和掌握全校的情况,学会主持全校工作的本领,诸如了解全校教职员的思想业务情况,了解学校里各中层机构(教导处,总务处以及团委、少先队队部,甚至校办企业等)的工作情况,了解全校教育教学改革的情况和学校行政管理的情况,等等。对这些情况的了解,不是光听汇报就能办到的,重要的是要自己亲自接触,这就需要花时间。这个阶段也是逐步学会如何主持全校工作,如何领导教育、教学改革的过程。根据有些校长的体会,适应过程大概需要 2—3 年时间。

校长初步适应学校领导工作之后,就是积累经验,逐步走向成熟,这是需要比较长的时间的。一名称职的校长,其成熟的标志是什么呢?基本上可以概括为以下几点。

1. 能抓住学校教育、教学工作中存在的主要矛盾,提得出教育改革的设想,制订出改革措施。在这个问题上,要经得住外来各种教改信息干扰的考验,校长一定要有自己的办学主见和判断能力。要善于将上级教育行政部门的工作要求与学校的实际相结合,要指挥若定,不能随风摇摆。前几年,我阅读了一些学校制订的工作计划,发现有些学校的工作计划缺乏"个性",改革目标订得不具体,改革措施太一般,如果抹去制订计划的时间,似乎年年可用;如果抹去校名,则各校都可用。问题就出在不能抓住学校工作中的主要矛盾,校长本人又缺乏办学主见,使得计划缺乏针对性。这样的校长对自己学校的家底不清楚,心中无数,情况不明,就难以下决心进行教改;如果再加上缺乏办学主见,没有自己的教育思想,就只能跟着上级教育行政部门布置的工作,来一个"等因奉此""照葫芦画瓢",或者跟着教改的行情赶浪头、翻花样。这就是不成熟的表现。

2. 能规划好全体教师的进修提高工作，使人人都在思想上、业务上有所进步。善于发现教师中的教改苗子，总结他们的经验，在校内树立标兵，扩大教育、教学骨干队伍。这件工作是否落实，体现了校长是否真正认识到"依靠教师办好学校"的真谛。依靠教师意味着依靠教师的学识水平和事业心，而不是作为劳动力"使用教师"。教师队伍水平愈高，教学质量也就愈高，所以提高这支队伍的素质，责任在校长，校长是教师的教师。要做好教师的进修提高工作，不能仅仅是每年派出几位教师去教育学院进修就算了事。校长一定要对全校教师在思想上、业务上的进修订出详细规划，做到每一个教师都有个人的进修计划，并且在校内积极创造条件，使教师的进修得到落实，真正做到学校是教师进修提高的主要基地。能不能发现教师中的教改苗子，是校长是否"内行"，在教学业务上是否成熟的标志。这里所说的教改苗子，主要是指带有创造性、突破性的教学改革，而这些做法尚在起步阶段，并不是十全十美的，也可能会有不同的争议。校长敢不敢支持、扶植，能体现校长的领导水平和领导魄力。如果校长既不能起到"教师的教师"的作用，放松对师资队伍的建设，又不能去发现教师中的教改苗子，教师队伍缺乏一种生机勃勃的朝气，这样的学校难以办出特色来，这样的校长就是没有成熟。

3. 能调动各中层机构的工作积极性和主动性，使他们充分发挥各自的工作职能，而且相互之间配合默契。若能够做到这一点，说明校长已经培养出一批中层骨干，学校的这部"机器"已经运转自如了。我有时去学校了解情况，研究工作，在校长室与校长交谈了半天，基本上无人到校长室请示工作，说明校长已摆脱了一些行政事务工作，各中层机构的负责人已能独立工作了，这部"机器"已经运转了。但在有些学校校长室里，谈话经常被打断，不是有人来请示，就是有人来要求校长处理突发事件，我曾有意在旁边听了一听，发现有些事是属于总务方面的问题，总务主任完全可以独立自主地处理，不必向校长请示；有些事是属于学生中的一些一般性的偶发事件，教导处完全可以处理好，也不必事事请示校长。因此，我联想到如果校长整天被这些琐屑的事务包围，就没有时间与精力深入教学第一线进行调查研究，没有精力去读点书，研究点问题了。成熟的校长应该具有一定的组织能力，善于发挥中层各机构的作用，改进自己的工作作风和工作方法，让中层机构的骨干大胆地负起责任来。否则，只能算是一名辛辛苦苦、忙忙碌碌的不成熟的

"好好校长"。

成熟的标志可能还有其他方面,但我认为主要是上面这三条。总之,一个成熟的校长应该具有:创造性的工作能力,善于从本校实际出发,提出办学设想;熟悉教育、教学规律,善于识别教改苗子,并总结先进经验;懂得知识分子政策,善于关心教师成长,体贴教师疾苦。

一名校长从适应阶段走向成熟阶段,从不成熟逐步走向成熟,需要的时间比较长,一般说大约是六七年时间(如果包括适应阶段在内,校长走向成熟就要有十年时间)。当然各人素质不同,能力有大小,时间上有人可能短一点,有人可能长一点。

然而,要成为一名优秀校长,还需要有一个"个性化发展"阶段。这里的主要标志是:(1)要有自己独特而正确的办学思想,而且办学成绩卓著,得到社会承认;(2)要有较深厚的理论修养,无论是在教育理论方面,教育心理学方面或是教育管理学方面,都有自己的见解,并且能得到同行们的赞许;(3)要有较强的研究能力,在教育、教学改革方面能有较高水平的成果,在同类学校中有较大的影响。具备这三点,就可以称得上是"优秀校长"了。如果有学术著作,而且这些著作被教育界公认,就可以称得上是"教育专家"了。

从适应阶段到个性化发展阶段,成为一名"优秀校长",没有 15 年到 20 年时间是办不到的。这种时间计算可能不科学,但许多事实都证明,培养一名"优秀校长"是需要花相当长时间的。可见,"中小学校长队伍建设"是一项长期的任务,这支队伍建设得好不好,建设得快不快,关系到学校能否办好,办出特色来,关系到教育事业的兴衰。

新中国成立以来,上海出现了一批优秀校长,中小学都有,其中有的在全国也有一定的影响。这些优秀校长的事迹是宣传介绍过的,但他们是怎样成长起来的,成长的经验是什么,教育行政部门怎样帮助他们成长,他们自己又是怎样努力的等问题,很可惜没有人来总结。但是,从这些优秀校长的先进事迹中,可以看到他们都有一些共同的特点,那就是他们都是开拓型的,勇于改革,善于探索,永不满足于已经取得的成绩;他们都是务实派,扎扎实实深入教学第一线,调查研究,总结经验,不讲空话,不摆"花架子";他们都是学者型的,肯学习,会思考,善于吸收新鲜事物,能孜孜不倦地自学。他们中不少人没有参加过校长学习班一类的培训,他们之所以在教育理论上有一定造诣,完全是靠自己的刻苦学习。另外,这些优秀校长在办学上取得突出的成绩,与上级教育行政部门放手让他们搞改革,积极支持他们搞改革有密切的关系,在他们身上真正体现了"校长负责制"的精神。概括地说,一位优秀校长的成长,离不开本人"十年磨一剑"的刻苦努力,也离不开上级教育行政部门为他们提供的条件。

三、对中小学校长队伍建设的意见

鉴于中小学校长的特殊角色地位,我认为在教育行政部门的工作中,宜单独列出中小学校长队伍建设的项目,制订工作计划,提出培养目标,采取培养措施,不宜再在师资队伍建设中轻描淡写地带上一笔。

我主张对中小学校长队伍建设建立四种机制,下面就每一种机制谈点意见。

1. 关于选拔机制

对校长的选拔应符合党对选拔干部的标准和原则。鉴于学校的特点和中小学校长的特殊情况,在选拔标准上,除了考虑熟悉教育教学业务外,应特别强调要有较强的开拓精神和组织能力,作为一名校长,一定要有这两个基本条件。那些在学科教学上相当优秀,但组织能力比较欠缺的教师,可以仍留在教师岗位上发挥作用,不宜选拔到校长岗位上来。在年龄上尽可能小一点,一般地说,中学以40岁左右,小学以30岁左右为宜。因为一位优秀校长成长的时间比较长,所以新选拔的校长年龄不宜太大。

选拔校长是经常性的任务,尤其在当前中小学校长队伍年龄老化的情况下,这项任务更为突出。可以以区(县)为单位,建立校长后备队伍的"人才库"。我建议,应要求在岗校长慧眼识人,"举贤择能",把校长能否选好接班人,作为考核校长工作实绩的内容之一。另外,有关部门在审核选拔对象时,可以听取一些有经验的老校长意见,使苗子选得更准。

2. 关于培养机制

培训工作要强调两个"实"字:从实际出发,讲究实效。

针对处于不同阶段的校长,采用不同的培训内容和培训方法。对处于适应阶段的校长,应加强有关教育管理和领导方法方面的基本知识的学习;对于逐步走向成熟阶段的校长,可视他们成熟程度,区别对待,原则上以学习理论(教育学、教育心理学、教育管理学等)、扩大视野(社会、经济改革的新思路、新趋势,文化、科学技术领域的改革动态,国内外教改动态等)、总结经验(总结自己的经验,调查别人的经验等)为主。

考虑到中小学校长都有自学能力,在培训方法上,可以指定一些书籍,规定进度,让校长自己阅读,适当地作些辅导讲座,并要求校长结合自己的工作体会,写出读书报告。也可以组织研讨会,提出若干专题,由校长自己选题,写论文,并进行学术研讨。这种做法虽然在组织领导上比请几位讲师讲讲课要艰难一点,但让校长定下心来读一点书,养成读书习惯,动手写一点总结或论文,对提高培训效果是有好处的。

除了组织校长参加培训之外(参加培训的校长毕竟是少数),对大多数校长来说,学校就是进修、提高的基地,可以边工作,边学习进修。教育行政部门要为他们提供条件,并加以指导、帮助。

现在有一个问题值得重视,上海有些学校,过去有相当好的办学传统,这些传统已基本上形成办学特色。可是由于老校长的退休,以后又一任一任校长的更换,使原有的学校传统消失了。这是非常可惜的,是教育事业的一大损失。这个问题能否在培训过程中引起重视,上级教育部门在指导学校工作中也应加以注意。

3. 关于激励机制

激励是管理工作中调动积极性的必要手段,是搞好管理工作的关键问题之一,对校长亦需要给予激励。

根据职、责、权、利统一的原则,我积极提倡单独建立"中小学校长的职级序列"。"文革"以前,中小学校长有单独的职级序列,与教师的序列是分开的,"文革"期间被破坏了。现在教师有了职称,而校长却没有,这是不合理的,应该从校长所处的角色地位出发,重新建立校长职级。虽然中小学校长中也有"劳动模范""三八红旗手""优秀校长"等称号,但这些都是荣誉称号,不是技术职称,两者不能混同起来。在考虑校长的职称时,其工资待遇应略高于相应级别的教师待遇,或相应级别的国家机关干部,以提高中小学校长的社会地位。我期待着中小学校长的职级序列早日与广大校长见面。

除了建立校长职级之外,还可以设立"优秀校长奖"。教师既有职级,又有"园丁奖"等,校长没有专门的奖,太不合理了。因此,我也积极提倡单独设立"优秀校长奖",并且对评为"优秀校长"称号的校长,应帮助总结办学经验,有条件的也可帮助出专著,通过宣传媒介,广泛宣传这些校长的先进事迹,扩大社会影响,提高中小学校长的社会地位。

前一阶段,我接触了一些办学条件比较困难,被称为"第三世界"的初级中学,其中也有些学校,由于校长的努力,学校面貌转变得比较快,教育质量有较显著的提高。这些校长是够辛苦的,他们的办学能力不见得比有些重点中学的校长差,试想,在一所师资、设备、经费条件以及学生条件都较差的学校里,一位校长要团结全体教师,在短短的三五年时间里,打一个翻身仗,是何等艰巨,需要花多大的心血。我是非常佩服他们的,也非常同情他们。佩服他们的办学才能和工作勇气,同情他们目前的处境。虽然作出了这样的成绩,却仍然是"第三世界"里一员"无名英雄"。因此,我主张在评"优秀校长奖"时,不能只把眼光盯在少数条件好的重点中学上(请不要误会,不是重点中学没有优秀校长),也应该考虑这些"第三世界"里的"英雄""好汉"。我相信,这样做,必然会对转变一批困难学校的面貌大有好处。

此外,为了激励校长的办学积极性,也为了更好地积累办学的经验,是否可以考虑对办学成绩卓著,而本人健康状况良好的中小学校长,适当延长其退休年限,并促使其尽快培养接班人。这样做的目的,既可以使老校长继续发挥余热,又能使老校长的办学经验得以继承,也可以使学校良好的办学传统,不致于因校长的更替而"失传"。

4. 关于监控机制

实行校长负责制之后,校长的权力多了,大了。如何正确地运用手中的权力,提高管理效率,少犯错误,不犯错误,需要建立起监控机制。这种监控机制来自三个方面:一是来自上级教育行政部门;二是来自社会,来自地区;三是来自学校内部。来自上级主管部门就是实行教育督导制度,当前督导工作重要的是要提高督导机构的权威性。来自地区、社会就是要发挥社区委员会作用,运用社会力量对学校进行教育评估。来自学校内部就是充分发挥学校党支部的政治核心作用,充分发挥教代会的监督保证作用。这个问题,我就不详细谈了。

1990 年

科研兴教　大有可为

一

上海市教育科学研究所终于走过了十个春秋！

十年前，本市的普教科研还是一片未经开垦的处女地。在改革开放的大潮中走来了一批志愿者。其中有些同志，是原学校行政领导干部和教师，他们虽然有较丰富的实践经验，但从未搞过教育科研，缺乏教育科研的理论和方法；也有一些是刚从师范大学毕业的青年教师，他们学到了一些教育心理学方面的理论和方法，但缺乏学校教育、教学方面的实践经验。在资料不足、资金匮乏、偏居陋室的条件下，尤其是在教育科研还没有引起各级教育行政部门、广大学校领导和教师的重视、工作排不上议事日程的情况下，要开展教育科研，恰似"夹缝中求生存"。但教育科学研究毕竟是一项事业。教育要改革，而教育改革必须依靠教育科研，这是大势所趋，不可逆转的客观规律。它吸引着越来越多的人加入这支队伍。十年艰辛，弹指一挥间。今天，我们上海的普教科研已具有相当的规模，呈现出生机勃勃的局面。有了一支数以千计的经过一定训练的科研队伍；形成了市、区（县）、校三级科研网络组织；建立了一套科研管理的制度；构建了科研情报网络机构，开展了国际性的、全国性的、跨省市的以及全市性的多种多样的科研活动；出了一批在国内和市内有影响的科研成果；推动了教育改革，改善了学校教育管理工作，促进了教育质量的提高。各级教育行政部门、学校领导和广大教师普遍提高了科研意识，大大小小的科研课题已列入学校教育工作计划。事实证明，向科研要质量，进行教育研究，探索教育规律，已经不是单纯的一句口号，正在成为越来越多的教育工作者的迫切愿望和自觉行动。"科研兴教"已开始形成气候。

二

上海市教育科学研究所,从筹备、初创到发展壮大的全过程,是我亲身经历的。从教科所的成长和壮大,可以窥见全市普教科研的发展。对其中的风风雨雨,工作中的甜酸苦辣,我是深有感受的。今天不谈这些问题。我想从另一角度提出几个问题。

1. 教育科研必须坚持为教育改革服务的方向

教育科研为教育改革服务,这是由普教科研的职能和基本性质决定的。普教科研是要在教育理论和教育实践之间架起一座金桥,起纽带的作用,它的基本性质是应用研究。如果我们普教科研关起门来,走进象牙塔搞纯理论研究,那就无异于丢掉自己碗里的肉去抢别人的饭吃。我们要在丰富多彩的教育实践中寻找和发现大量的、亟待解决的问题,从中提炼出研究课题,运用科学的理论,探索解决问题的方法和途径。因此,普教科研课题的价值,主要是社会价值,是推动实际工作并取得进展的一种力量。当然,我们也重视理论建设,也注重课题的学术价值,但那是基于应用的要求并服务于应用的。坚持为教育改革服务的方针,普教科研就获得了旺盛的生命力。十年中,我们编制的普教科研规划,进行的全市性科研成果论文评奖,其中绝大多数都是应用性课题。

任何改革项目的确立,要进行必要的调查和一定的论证;要研究改革的步骤和方法;要重视资料的积累和效果的分析,等等。这些工作都离不开科学研究的方法,搞教育改革同样必须讲究科学方法,因而必须依靠教育科研。对于各级教育领导部门来说,如何提出教育改革项目,如何引导基层学校改革,如何对这些改革项目进行有效的管理等,都离不开教育科研。对于基层学校领导和教师来说,改什么?怎么改?都有一个科学态度和科学方法问题。光凭热情是不行的,单有经验是不够的,所以一定要学习教育理论,掌握科学方法。如果我们的教师、学校领导和教育行政部门的领导同志,不树立依靠科研搞改革的观念,就势必影响改革的有序性和有效性。十年中,上海地区涌现出的一大批教育改革的先进单位,这都是紧紧依靠教育科研而获得的。突出的典型是青浦顾泠沅的教改小组,他们之所以能取得学科教改的可贵经验,获得大面积提高教学质量的成绩,靠的是一整套从调查着手,经过检验筛选、实验研究,然后有计划逐步推广的科研方法。以学校整体改革为例,上海实验学校从学制、课程、教材到教法的综合改革,一师附小的"愉快教育"等,都是在教育理论指导下,采用科学态度和方法进行的。

由此可见,教育科研必须为教育改革服务。教育改革也必须依靠教育科研。一些全市性的较大改革,如招生制度改革,课程教材改革等,都必须在充分研究、进行必要的科学论证的基础上作出决策,并逐步推行。

2. 科研工作,是师资队伍建设的一个重要方面

师资队伍的建设和学校领导干部队伍素质的提高是学校的一项基本建设。怎样才能建设一支在学校教育教学和管理工作中能征善战的干部队伍和教师队伍,这是摆在各级教育行政部门和学校领导面前的一项紧迫而严峻的任务。许多事实证明,教育科研是提高师资队伍素质的催化剂。我们的教育对象是学生,师生之间的关系从本质上说是人与人之间以信息为中介的交往关系,包括认知关系、情意关系、角色关系等。这就不仅要求教师懂得教育规律,还要懂得学生的心理发展规律,既要研究学生的群体及其一般规律,也要研究个别的特殊对象及其特殊表现形态。一句话,要求教师开动脑子,进行研究。一所学校,尽管教师的平均学历层次是高的,如果学校领导的科研意识不强,教师不注意研究学生,不注重学习理论,那么这所学校的教育质量只能是处于一般水平。反之,一所学校,即使教师的平均学历水平不太高,但学校领导重视教育科研,积极引导教师研究学生,学习理论,这所学校的教育质量和办学效益就可能是高的。一些师资队伍素质一般、学生来源不好、资金匮乏的学校,依靠科研闯出了一条提高办学效益的路子,像本市的海南中学、北海中学等一批初级中学,就是这方面的典型。

根据我的观察和分析,教师和学校领导干部搞不搞科研大致有四个"不一样":一是思想境界不一样,搞科研的人改革意识与探索精神较强,教育思想比较先进,不是片面追求升学率、过分看重分数;二是理论素养不一样,搞科研的人,必然重视理论学习,他们关心当前国内外的有关理论动态,常能提出一些新的观点,新的见解;三是情报意识不一样,搞科研的人积极收集有关教改动态的信息,能主

动分析当前的教改形势,判断自己研究工作的实际价值,避免跟在别人后面作低水平的重复研究;四是工作能力不一样,搞科研的人注意调查研究,从实际出发,力求按规律办事,工作中的主观性、盲目性较少,工作的水平和效率较高。这四个"不一样",正是师资素质中极为重要的四个方面,如果我们的教师都具有这些方面较高的素质,我们的学校教育无疑将走上一个新的台阶。科研是师资队伍建设的重要途径之一。

从教育管理的角度看,学校要创设一个激励教师积极从事教育科研的小环境,从制度建设上、资金设备上以及目标和价值观等文化氛围上创设这样一个小环境。有了这样的激励机制,已进入科研之门的教师会更积极地搞科研,没有入门的教师也会挤进门来搞科研,就会形成小气候,而不是少数人冷冷清清搞研究。在教师队伍的建设上,教育学院的主要作用在于使一部分教师的学识水平在受训期间获得系统提高,而中小学校应成为教师进修提高的主要阵地。这是因为:可以面向全体教师;可以密切结合学校日常工作的实际;可以针对教师的差异区别进行;可以抓住本校、本人的突出问题、倾向性问题开展工作;可以发挥能者为师的作用,利于形成良好的教师群体,改善人际关系;可以改善学校管理,提高管理效益等等。曾被评为市普教科研先进集体的上海师大附中,要求教师每年做到"四个一":读一本教育理论方面的书,定一个研究课题,写一篇论文,开设一节研究课,已坚持数年,形成气候,这是一个值得借鉴的经验。

3. 学校教育必须向科学管理要质量

"管理出质量""管理出效益",其他行业是这样,学校教育也是如此。由于历史的原因,文化传统的原因以及体制的原因,教育管理领域中有许多问题还值得探索研究。从体制方面说,教育行政部门的有些职能如何转变,学校校长的职、责、权、利如何统一,各种激励手段如何运用等,都有待进一步实践和探索。即使是教育教学业务领域内的管理问题,也亟需研究、提高。如何正确全面评价学生的素质,提了好几年,还摆脱不了片面看重"升学率"和"分数"的桎梏,至于日常教育教学工作的管理,如何做到按规律办事,更是缺少研究。教育质量的提高,有赖于教育过程中每个教育环节的质量,如果每个教育环节都做得好,日积月累,循序渐进,就能"水到渠成",取得理想的效果。这里显然涉及师资的素质,但与管理工作上的有序性、科学性是分不开的。现在学校领导对各教育环节的质量并不很清楚，日常的信息反馈很差，无法做到及时反馈、及时调节。这就涉及学校教育教学业务领域如何进行科学管理的问题。如果我们不去研究教育教学业务管理领域中的理论问题和实践问题，那么我们的教育科研就是有缺陷的。如果我们单纯进行学校管理体制的改革而不去完善学校的教育教学管理，我们的管理改革就可能是不协调的，就会影响管理改革的功效。管理落后，势必拖教育质量的后腿。因此，我们的教育科研必须探索如何提高教育教学管理工作的效率与效益，完善管理机制，健全反馈调节机制，加强监控，改进评估等。我认为，这是当前教育科研中值得重视并要认真研究的课题，也是各级教育行政部门需要转变观念，抓紧研究的问题。也许有人认为，这是纯业务问题，是微观问题，不值得研究。当然，教育行政部门应该多研究一点宏观问题，但宏观与微观并不是对立的，只重视宏观问题，而忽视微观问题，那么学校中的许多微观问题由谁去研究呢？又由谁去指导他们研究呢？现在提倡"抓实"，不抓业务领域中的各个环节，这叫"抓实"吗？老是在教育教学的外围团团转，能说是抓在实处，抓在点子上吗？

三

在目前的普教科研管理上，我想提出应注意的两个方面。

第一，把研究力量协调起来，提高科研的整体功能。我们的普教事业是一个整体，我们的教育改革是一项系统工程。目前，在这方面比较分散，各自为政，各自研究，有些项目是重复研究，有些项目大家都不去研究，缺乏统一的整体规划，也影响到课题研究的综合性，降低课题研究的水准。这就要求把普教系统的研究力量协调起来，把力量集中起来，那么普教科研的整体功能就会大大提高。

第二，要继续在普教科研成果的推广上下功夫。科研成果之所以能推广，是因为作为科研的成果，多少带有"普适性"，在经过调查研究、科学总结之后，多多少少提高了科学抽象的层次。科研成果之所以要推广，是因为唯有推广，才能在更大范围内转化为生产力，否则，这些成果可能自生自灭。所谓推广，是要求从这些成功的经验中，汲取方法论的精髓，发扬勇于探索的精神。推广不仅是一个普及的过程，更是一个"特化"的过程，即从一般到具体，从普遍到特殊的过程。推广的动力,从教育管理的角度看,主要依靠教育行政部门采取积极引导、组织交流、强化激励等措施,同时也要依靠学校领导。但从长远看,从根本的意义上看,这种推广的动力必须根植于学校领导和广大教师的主动追求。

我坚信,科研兴教的道路必将越走越广阔。

1990 年

后记

编入这本小册子的，是我的一些讲话稿和文章。时间跨度是从 1980 年到 1990 年。这些文稿都是应各区（县）教育行政部门或教育学院的要求而写的。内容具有一定的针对性，针对当时中小学教育、教学以及管理工作中存在的带有普遍性的一些问题。这些问题中，有的今天可能已不再普遍存在，有的可能仍值得重视。之所以把这些稿子汇编成册，是为了与中小学领导和教师一起探讨，并起一颗铺路石子的作用。

在本书编辑过程中，得到了上海市教育科学研究所郑家农和金辉两位同志的协助，王克明同志曾协助我整理《我的教育生涯》一文，在此一并表示感谢。

此书出版，正适我从教五十周年，借此留念。

陆善涛

1995 年 10 月

图书在版编目（CIP）数据

上海教育丛书：典藏版．综合卷 / 上海教育丛书编
辑委员会编. — 上海：上海教育出版社，2023.8
　ISBN 978-7-5720-2197-8

　Ⅰ.①上… Ⅱ.①上… Ⅲ.①地方教育－基础教育
－教育改革－上海－丛书 Ⅳ.①G639.2-51

　中国国家版本馆CIP数据核字(2023)第234567号

总 策 划　缪宏才
执行策划　刘　芳
统　　筹　公雯雯
责任编辑　谢冬华　张　瑢
整体设计　陆　弦